不為錢煩惱的
富裕生活

向億萬富豪學習，改變人生的理財課

「勇気」と「お金」の法則

ふがいない僕が年下の億万長者から教わった

小林昌裕
Masahiro Kobayashi

當你想起發自內心的願望時，
金錢就是你的「魔法棒」。

過去的我身無分文。

沒有勇氣採取行動，只是一味地痛苦掙扎。
沒有存款，也找不到自己的存在意義。
家庭瀕臨破裂。

序章

「我們家可是沒有那種閒錢！每個月光是生活手頭就已經很緊了！」

客廳裡迴盪著敬子激動的聲音。

「可是人家想去看瑞士的房子長怎樣嘛。帶我去啦，好不好？到底什麼時候才可以帶我去嘛？暑假？還是春假？我要等到什麼時候才能去？」

就快滿十歲的讓任性地鬧著脾氣。

「你到底要我講幾次？我們家沒有那種閒錢！」

「我就是要去！我要去、我要去！聽到沒有？我！要！去！」

讓愈說愈激動，最後甚至要起脾氣來。

「我吃飽了。」

務低聲說，隨即便離開餐桌，一屁股坐在客廳沙發上看起報紙來，一副置身事外的樣子。

敬子見狀深深嘆了一口氣，默默開始收拾餐桌上的碗盤。讓氣呼呼地拿起手機轉身離開客廳。

務盯著報紙上的文字，思緒卻完全不在上頭，感覺只是用報紙遮住什麼似的，好讓自己可以逃離現實……

這種令人窒息的氣氛，已經成了每天的日常。

（不應該是這樣的，不應該是這樣。）

前言

這是一個以真實事件為基礎的故事，內容集結了許多為錢煩惱而來向我尋求諮商的人們的故事。除此之外，這也是過去長年任職於血汗企業，人生幾乎快被沒有財富和時間的生活拖垮的我，重新起死回生的故事。

人的一輩子可以賺多少錢、可以透過財富換來多少幸福，其實都決定於原生家庭的金錢觀念，以及所受的金錢教育。

說到這裡，很多人會說自己根本沒有受過什麼金錢教育。事實上的確如此。

在日本，一般人幾乎沒有機會學習金錢相關的知識。大家從小的成長環境便缺乏金錢教育，也不曾思考過「如何靠自己賺錢」。日本的孩子唯一跟金錢有關的學習，就只有父母對待金錢的態度。

假設父母經常掛在嘴邊、以身作則為孩子示範的態度是：

「我們家沒有錢。」

「要努力工作才能賺到錢。」

「賺錢很辛苦。」

那麼，孩子便會從唯一的金錢導師——父母的身上學習到同樣的態度，並且套用在自己的人生中。

錢是工作換來的薪水。

錢必須用汗水才能換得。

人生就是不斷地為錢煩惱。

這些觀念就是這樣養成的，縱然事實並非如此。

不過，人一旦相信「錢就是這麼一回事」，便會緊抱著這樣的觀念不放，完全不想顛覆自己的觀念去看看外面的世界。

雖然大家常說「錢不是一切」，但是通常都要等到擁有財富，才會真正領悟這句話的意思。

這世上可以靠錢解決的事物，多到數不清。

我的工作就是為大家提供賺錢的建言。在這過程中我最大的體認，就是人生中有九成的煩惱，都可以靠錢解決。

就連金錢買不到的美好事物，靠錢也能帶來更多邂逅的機會。

故事中的主角務，最後為了家人鼓起勇氣改變。這份勇氣，正是如今擁有億萬財富的人們，他們過去鼓起的「勇氣」。我衷心期望接下來這個故事，可以成為各位扭轉人生的契機。

小林昌裕

《不為錢煩惱的富裕生活》目次

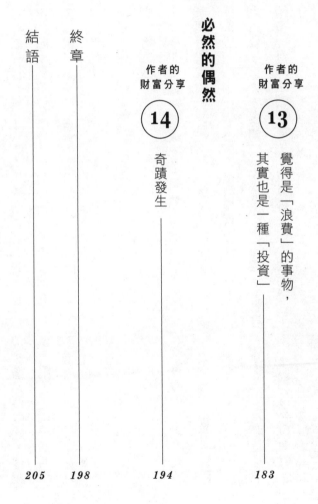

I 我的存在價值

（我是從什麼時候變成這樣的呢……）

務坐在公園的椅子上，大口咬著百圓麵包，腦袋不停想著這個問題。他總是在午休時來到這個公園。務的公司位於東京都丸之內區，附近一兩千圓的午餐價位，他根本負擔不起，所以每天都是自己一個人買了麵包，到公司旁邊的這個公園來吃。

「應該是一連串的預料之外造成的吧……」

他喃喃說道。

務今年即將滿四十歲，是個平凡的上班族，任職於汽車銷售公司的人事部。家裡有太太和一個兒子，三個人一起住在一棟坪數不大、離市中心有段距離的住宅區內的中古透天房，生活樸實節儉。

太太敬子是大學時期的學妹，兩人在務二十七歲、敬子二十五歲時結了婚。婚後一直無法順利懷孕，所以後來懷了讓的時候，兩人激動得喜極而泣。

務口中的「預料之外」，就是從那個時候開始的。

兒子讓三歲的時候，開始出現極度暴躁、亂發脾氣的現象。經過醫生診斷，確定為發展障礙。考量到兒子的狀況，敬子決定辭去正職的工作，改做打工，每天忙著照顧遲緩兒，從早到晚工作家事兩頭燒。這使得原本個性溫柔的她，開始對從不幫助家事和照顧孩子的務心生不滿。

讓念小學的時候，務的父親因為腦中風造成大腦受損，引發失智症。七十幾歲的父親平時自己一個人住在遠方，生病之後，務當然不可能將行動不便又罹患失智症的父親接到都市來和自己同住，只好讓他住進安養中心。

過去從事木工的父親，退休後沒有厚生年金可領，僅靠著微薄的年金根本不夠生活。非但如此，住進安養中心之後，務才發現父親過去因為賭博欠了不少錢。如今這些債務全部落到了家中獨子——務的肩上，導致他的生活頓時陷入困境。

務雖然很希望敬子可以恢復正職的工作，但是基於讓也需要有人照顧，所以他也不敢奢望。

從那時候開始，敬子不時抱怨希望務也多少幫忙一點家裡的事。但是務認為自己已經每天拚命辛苦賺錢養家了，也忍受花用全靠向敬子拿零用錢的做法，因此完全不理會她的抱怨，對家裡的事依舊不想過問，也不想幫忙。這使得夫妻倆的關係瞬間降至冰點。

務的年收入大約有五百萬圓，在都會區屬於一般水準。敬子打工的工作一年大概有六十萬日圓，全部用來支付安養中心的費用還不夠。兩人每天都在為了家計想辦法籌措安排，勉強度日，完全無法為將來做任何儲蓄。

這樣的生活持續了好幾年，讓今年也滿十歲了。

在重新接受發展障礙的診斷之後，學校替讓安排了一位專門協助發展障礙學童的人員。然而儘管如此，讓的狀況卻愈來愈嚴重，經常上課到一半突然跑出教室，或是一焦躁起來便無法控制自己。他在班上也開始受到同學的嘲笑和捉弄，完全交不到朋友。

不過另一方面，讓在美勞課卻表現得十分專注且亮眼，獲得不少肯定和獎項。有時候看著擺在客廳那些厲害的美勞作品，程度明顯優於一般孩童，連務都不由得感到佩服。

就連學校的老師也跟他們說「一定要讓他充分發揮能力」，只是無奈家裡的狀況根本無法讓他學習才藝或接受特殊教育。

一想到今後的學費和兒子的將來，務的心情更鬱悶了。

萬一接下來連同身為獨生女的敬子也需要擔起照顧父母的責任，到時候該怎麼辦才好？就連夫妻倆自己的老後，他也不認為可以存到足夠的錢生活。

想不到任何辦法突破困境的務，只能每天煩惱到幾乎快崩潰。

有一天，對家具設計有興趣的讓，在電視上看到知名瑞士建築師事務所「Atelier Oi」要在日本舉辦個展，於是吵著要去看，敬子只好帶他來到六本木。

讓參觀完個展之後完全迷上建築、空間和產品設計，回到家後不時吵著「想去瑞士」。讓的個性一旦想做什麼，就非要達成不可，這也是發展障礙的孩子的特徵之一，算是個優點，同時也是缺點。

「我們家怎麼可能有那種閒錢！」

敬子的壓力愈來愈大，對孩子也愈來愈常生氣。

這些讓務看了只是心生厭煩。

因為每次只要敬子生氣罵人或嘆氣，他就覺得她是在責怪他沒有用，錢賺得不夠多。雖然他對自己對待家庭的消極態度也很自責，不過老實說，他一點也不想去想這些，因為這會讓他覺得自己和從小憎恨的父親有幾分相似。

漸漸地，務開始排斥和讓溝通，家裡的事更是完全交由敬子去打理。

自己在這個家已經失去存在的意義。

「唉……」

務嘆了一口氣。

在這喧囂市中心的公園裡，更讓人備感孤單。

（工作，結婚，生小孩。

原本以為這樣的日子雖然平凡，卻可以過得很幸福。）

「爸爸！我還要玩盪鞦韆。」

突然耳邊傳來小女孩的聲音，應該才三、四歲吧。

「好啊，盪鞦韆嗎？爸爸陪你玩。」

小女孩可愛得像個童星，身邊的父親看起來比務還要年輕個十歲左右吧，身上的開襟羊毛衫質料不凡，和他乾淨清爽的外表十分搭配。

（這平日大中午的，還真稀奇。）

務出神地看著那對父女。

過了不久，「我來了～」一個身材苗條的漂亮女子抱著嬰兒走向父女，應該是他的太太吧。

「啊！是媽咪！媽咪～」

小女孩朝媽媽跑了過去，年輕爸爸一臉幸福地慢慢跟上前去。四個人開心地一同走出公園。

（真幸福，就像是沒有任何煩惱的幸福家庭。以前我也曾幻想過這幅景象……）

看著四人背影，務心中的絕望變得更沉重了。

作者的財富分享

1

拋開「只要守住平凡，幸福就不會瓦解」的幻想

畢業後盡量找一份可以領固定薪水的工作，到了適婚年紀就結婚、生小孩。平時除了努力工作，也要盡自己所能協助另一半照顧孩子。想必很多人都是「對這種平凡卻幸福的生活抱持著幻想而進入現在的公司工作」的吧。

我自己也是其中之一。

我一畢業就進入建築材料製造公司工作，傻傻地以為「從此以後人生一路順遂」。然而，我太天真了。我成為公司的奴隸，不顧一切地埋首於工作，直到發覺身心已經瀕臨極限才轉換跑道。還記得當初找到可以放心的工作時，我彷彿已經看到自己人生努力的終點。

我在轉換跑道的當時，年收入大約有三百五十萬圓。這對二十六歲的年紀來說，生活綽綽有餘。只不過，當時在公司裡有個課長，和故事中的務年齡相

當，平均年薪約有六百五十萬圓。這樣的收入絕對不算低，但是他卻跟我說：「薪水全部都拿去養家了，每個月只有三萬圓的零用錢可以勉強度日。真羨慕你還年輕，賺的錢可以自由支配。」把十幾年的歲月全部耗在這家公司，為的就是將來過著「勉強只有三萬圓的零用錢可以度日」的生活嗎？一想到這裡，我就不由得感到憂心。

「這不是我想要的『安定的人生』」

我告訴自己。

在這個年代，不僅薪資停滯不前，遇上不景氣獎金還會被砍掉。近來的企業幾乎都沒有加班費，薪資也不再像過去在年功序列和終身雇用的制度下，會隨著年齡逐年調漲。

我想當時不只是我，很多人應該都對這樣的日子充滿不安和抱怨。

加上隨著年紀愈來愈大，除了小孩的教育費之外，父母的照護問題也逐漸浮上檯面。現在很多人都是家裡都只有一個孩子，因此這個問題將來很有可能都要由孩子一個人獨自來承擔。

在這樣的狀況下，不禁讓人也開始擔心起自己的老後，甚至還要擔心少子化導致年金給付減少的問題。如果將這些擔憂攤在陽光下一一檢視，或許很多人會寧願假裝這一切都不存在吧。

假設這樣的生活，就是我們所描繪的「平凡的幸福」和「中上階級」的最終將來，或許現在就有必要修正自己對於「平凡卻幸福」所抱持的期盼。

我直到三、四十歲左右，才開始意識到這件事。

我想各位很多應該都已經有家庭、有小孩了。就算想轉換跑道，卻沒任何亮眼的工作表現，也沒有一技之長。即便想重新挑戰新嘗試，也沒有任何專業證照。加上還有養家的壓力，更讓人難以下定決心降低收入嘗試沒有經驗的領域，或是獨自創業。

對將來感到不安，卻無法踏出改變的第一步。

因為無法改變，造成心裡的不安日益高漲。

再這樣下去，萬一像故事裡的務一樣遇到預料之外的狀況，該怎麼辦呢？

這裡所說的預料之外的狀況，指的像是被解雇，或是公司倒閉領不到薪水，或是父母病倒，或是自己或家人罹患重病等因為突發事件而需要用錢的情況。

不過，有一點大家一定要明白。

各位到目前為止的人生，同樣是一連串預料之外的結果。

正因為如此，擁有餘裕……也就是財富，才會如此重要。

勇氣與財富的法則

1

人生就是一連串的預料之外。
最終能夠「解決」這一切的，
只有金錢。

II 看見藍天

務是汽車公司子公司的人事部課長。

雖說是子公司，卻是日本家喻戶曉的汽車公司，所以當初找到這份工作時，他心想接下來自己的人生肯定可以一路順遂，對將來相當放心。另一方面他也承認，可以在泡沫經濟破滅後找到大企業的工作，讓他覺得自己簡直就是人生勝利組。

然而，做了之後才知道，人事是個相當吃力不討好的工作。在定期的個別面談中，經常需要安撫年輕一輩的同事的抱怨，例如「這家公司爛透了，要改變才行啊」、「上面的人老是要我們做一些不可能辦到的工作」等。面對這些抱怨，當然不能直接告訴對方「既然這樣，那你辭職別幹啊！」。

不僅要安撫年輕同事的心態，和部長之間的協調溝通更是困難，可以說自己每天都處於左右為難的狀態，像個夾心餅乾一樣。

剛進公司的時候，每當看到同事因為非自願的人事安排陷入困境，務還會感到難過。不過現在已經漸漸麻痺了，不再有任何情緒，只是麻木地做自己該做的事。即便造成對方家庭破碎，他也不會感到心痛。他刻意迴避和人事部以外的同事聚餐喝酒，在公司裡儼然成為一隻孤鳥。

這個星期是春季的個別面談。光是想到要聽同事那些跟抱怨沒有兩樣的話，務就感到心煩。

每到這段期間，他的心情總是無比沉重，變得更沉默寡言了。

（接下來是目代啊……業績倒是持續進步中，只是上一次的面談他一直在講如何改善和主管的關係。）

務心裡直嘀咕。等會兒肯定又會聽到一大堆關於如何改善同事關係之類的話題了。想到這裡就不禁皺起眉頭。

「麻煩您了！」

會議室裡走進今天最後一位面試員工——目代。他一身灰色西裝，搭配柔和的藍色領帶。

（咦？他怎麼看起來跟之前不一樣了？）

眼前的人讓務驚訝得說不出話來。

上一次的個別面談是在半年前。

那時候的目代，心中壓抑著許多不滿和抱怨，滿口盡是對公司莫名的擔憂。可是今天的他明顯不同，外表沉穩，眼神充滿光彩，簡直換了個人似的。

「謝謝您平日的照顧！面談很辛苦吧？」

目代先開朗地主動問候。

突然被這麼一問，務頓時不知如何回應，因為一直以來這對他來說只是分內工作，而且還是個得不到任何感激的工作。

「呃，沒有啦，就工作嘛。」

務若無其事地回答，接著冷淡地開始詢問目代的工作和同事相處的狀況。

眼前這位二十七歲的年輕人，不管面對什麼問題，總是帶著笑容回答，沒有一絲的抱怨，反而充滿自信。

「我總覺得你看起來跟以前完全變了個人似的。」

「是嗎？謝謝。」

「是發生什麼好事了嗎？」

「嗯……也沒有什麼特別的事啦。」

目代微笑回答。面談約十分鐘就結束了，目代離開前再一次向務道謝，接著便步出會議室。

（原來一個人可以有這麼大的改變。一定是發生什麼好事了。）

時間來到午休。務一如往常來到公園的長椅坐下，邊咬著麵包邊想著。

（話說回來，做人事這麼久，還是頭一回遇到有人跟我說「謝謝」呢。）

「您好。請問……這裡有人坐嗎？」

突然一個聲音傳來。

「什麼？」

抬頭一看，原來是前幾天那個幸福家庭的年輕爸爸。

務的旁邊還有空位。

「啊！沒有、沒有。請坐。」

等務一說完，對方不疾不徐地坐下來，抬頭望向天空。

「今天天氣真好呢。」

「天氣？啊！是呀。」

務看了看天空，和煦的春日一片蔚藍。

務繼續咬著麵包，喝著手中的咖啡。兩人並肩而坐，靜靜望著天空。

（上一次像這樣感受藍天，是多久以前了？）

「看著雲這樣飄，總覺得心情也變好了呢。」

年輕爸爸舒服地伸了伸懶腰。

「呃……是啊。」

務也跟著點頭附和。不過，其實眼前這片一望無際的蔚藍天空，讓他突然不知所措。

天空一直都在，自己卻連這一點都忘了。

務開口問：

「那個，你今天沒有跟你女兒一起出來嗎？……其實，我前幾天有看到你和女兒一起玩……」

對方恍然大悟地點點頭，笑了笑。

「她今天和我太太一起出去玩了。」

「這樣啊。再冒昧請問，你的工作平日可以休假嗎？」

「對啊，我是自由業，可以自己排假。」

「原來是這樣啊……」

務沒有再說下去。年輕爸爸禮貌地點了點頭，兩人就這樣繼續靜靜望著天空。等到午休時間結束，務便離開了公園。

（我有多久沒有眺望天空了？）

務一面走回公司一面想著。回到座位上，突然發現從自己的部門辦公室也可以看到外頭的藍天。

（這裡竟然也看得到天空！）

他從窗邊的座位一直望向外頭的天空。

務覺得自己似乎被困在這狹小的大樓裡。

（難道我就這樣這輩子一直被困在這裡了嗎？）

不知為何，他的腦海裡突然閃過一個念頭：「去找目代聊聊吧？」

為什麼那個年輕人可以像換了個人似的，整個神情完全變得不一樣了？

幾天之後，務跑去找目代一起吃飯。對方也非常開心地接受他的邀約。

作者的財富分享 2

改變就從「發現從未見過的風景」開始

人總是習慣用自己的價值觀去看自己想看的東西。

面對金錢當然也不例外。

「我沒有錢。」

一旦這麼想，就會用「沒有錢」的眼光去看待這個世界，所以只會看到自己沒有錢的真實。除非改變這種心態，否則只會變得愈來愈「沒有錢」，遭遇愈來愈多「沒有錢」的困境。

即便有固定的收入，但如果認為「錢必須靠拚命工作換來」，就會把拚命工作賺錢視為人生圭臬，甚至在不自覺間選擇成為血汗企業底下的奴隸。

我過去也是在血汗企業底下工作的一員，所以我很清楚，當陷入人生谷底時，人通常會選擇對自己的困境視而不見。因為，雖然遭遇困境，但是熟悉的環境總是會讓人感到莫名的安心。

既然如此，要怎麼做才能改變這種心態，得到全新的金錢觀呢？

方法之一就是「看見不同以往的風景」。

發現自己眼前的世界並不是只有灰色一種顏色。這一點很重要。

過去只是自己沒有察覺，其實這個世界無限遼闊，充滿多采多姿的風景。

當你想「改變現在的自己」，你就會從這個世界中發現許多回應你的心意的訊息。

故事中的主角務便是如此，他先是在公園遇見幸福的家庭，隨後在公司遇到眼神散發光彩的年輕後進，接著又看到藍天。

事實上，光是這些，就已經讓他的內心起了變化。

他開始一步一步鼓起勇氣，為自己受限、只剩下痛苦的世界和價值觀，注入全新的改變。正因為如此，所以他開始看見過去不曾意識到的風景。

假設各位現在正為錢煩惱，姑且先將錢的事情擱在一邊，抬頭看看天空吧。

上班的途中，選擇走不同以往的路，搭乘不同以往的交通工具。

放假的時候，到許久未訪的地方走走，就算只是家裡附近也好。去發現過去不曾看見的景色。

要想改變觀點，靠的是每天一點一滴的累積。

當你開始能夠提起一點點勇氣「去看看過去未曾見過的風景」時，你的人生已經起了變化。

你會發現自己再也不是活在痛苦中，痛苦不過只是人生中的一小部分而已。

別繼續在黑暗中摸索尋找了，何不走出黑暗到陽光下呢？

可以帶領你走出黑暗的，這世上只有一個人。就是你自己。

勇氣與財富的法則

2

假使對金錢有所怨憤，
不妨暫且忘記錢的煩惱，
去看看不曾見過的「風景」吧。
改變，就此開始。

III 踏出第一步的勇氣

身為人事部的員工，和其他部門的單一員工單獨見面這種事，考量到其他員工的眼光，務這二十年來一直嚴格規範自己不能這麼做。

然而，目代的改變實在令他大為吃驚，甚至不惜打破這個原則。

（身為人事部的員工，瞭解一下也沒什麼吃虧的。）

務和目代一同來到義式餐廳，一路上他不停在心裡為自己這麼找藉口。

（我有多久沒來這麼高級的餐廳了？）

兩人一口一口享用著夜間套餐，一面聊著公司最近發生的事，以及生活上的瑣事。之所以選擇有品味的餐廳而不是居酒屋，一方面也是為了展現誠意，因為務認為「有事向人請教，就要好好地請對方吃一頓飯，邊吃邊討教，而不是隨隨便便的」。

只不過，像這樣細細品味一道一道送上桌的料理，對最近的務來說，已經是很久以前的事了。不可思議的是，這讓他莫名地產生了自信和勇氣。

「其實我今天找你出來，是有事想問你。」

務開門見山地說。

「啊，該不會是前幾天個別面談時，你問我的那件事吧？」

目代輕輕地笑了。他的眼神中透露出光彩。

「什麼？啊～對，就是那件事。」

那天自己到底表現得有麼渴望知道啊？目代打探式地問：

「所以現在你是以人事的身分想問我，還是……？」

「沒有、沒有，完全是我個人想知道。」

「那就好。」

難不成他以為我是以人事的身分想跟他確認什麼嗎？

聽到務這麼說，目代看似鬆了一口氣。

「跟半年前相比，你現在看起來明顯有自信多了。半年前你曾經說過，當時的薪水讓你對未來的人生規劃感到很不安。」

「沒錯，我的確這麼說過。」

「可是，在這一次的面談當中，你完全沒有提到這方面的困擾。所以我在想，是不是有什麼重大的轉機讓你改變了……」

「或是以為我該不會是在做副業吧……？」

說完目代自己也笑了。

「什麼？做副業？」

聽到這個想都沒想過的答案，務不由得反問。

在務的公司，基本上是禁止員工從事副業的。

加上公司要求所有員工繳交個人編號，因此在從事兼職副業這方面，應該做得更是滴水不漏才對。

看到務游移不定的懷疑眼神，目代笑著說：

「沒有啦。其實與其說是做副業，我只是懂得運用自己的錢而已。」

一問之下才知道，目代利用自己上班族的身分向銀行貸款買房子，再將房子租出去，賺取房租。接著又透過其他方法，將房租收入做進一步的運用，為自己帶來更多財富。

聽到這裡，務一點也不覺得「原來還有這種方法！」，反而是充滿懷疑。

「可是，這樣風險很大吧？」

務一臉老實地喃喃說道。

對於現階段沒有多餘閒錢的他，完全沒有想過什麼金錢運用。

在他的認知裡，個人向銀行貸款本來就是一件高風險的事。

「是啊。就是因為大家都這麼說，所以我不會在公司裡跟人提起這件事。一般人都會覺得投資的風險很大，簡直跟賭博沒兩樣。」

看到務的反應，目代這麼回答。

「很抱歉，直覺反應就說了……但是會這麼想也沒錯，投資的風險真的很大，也不一定會一直獲利。」

「這麼說好了，你的人生到目前為止，一直都沒有經歷過什麼風險嗎？」

「什麼意思？」

務不禁反問。

「對我來說，上班族真正的風險在於，

生活只能依賴公司的一份薪水。而且明明錢都不夠用了，卻還『遲遲沒有作為』。」

目代這一番話，讓務聽得啞口無言。

他覺得這些話根本就是在說他。在公司和家裡都找不到自己的存在價值，陷入人生的最低潮，卻毫無行動。仔細想想，自己的財務風險其實堆得像山一樣高。而其中有一大半，都是因為自己死抱著現在的公司不放。如今，務終於意識到這一點。

「我們在同一家公司工作，加上你的身分又是人事。以同事的身分來說，聊這些其實不是很恰當。所以如果你有需要，我可以介紹提供我建議的人給你認識，如何？」目代說道。

「你是說是理財顧問嗎？」

（又是一個讓人懷疑的人物。）

「也不算啦……」

看到務頓時退縮的樣子，目代不由得笑了出來。

「你現在看起來就是一臉『饒了我吧』的表情。」

「呃……是喔。」

務也跟著笑了起來。

不知道為什麼，務感覺不再像以前那麼排斥，或許去聽聽看也無妨。

「今天我請客。不對，應該是說這是我的一點心意。今天真的很謝謝你。」

老實說，對一個月的零用錢只有兩萬圓的務來說，這一頓飯一口氣花掉八千圓，可以說真的是抱著破釜沉舟的決心。

但是不知為何，他覺得自己花錢做了一件很有建設性的事。

「我才要謝謝你今天的招待。」目代又接著說：

「今天和你聊天，讓我想起從進公司到目前為止經歷過的一切。以前念書的時候，以為出社會賺了錢，就能過著快樂的人生。不過剛進公司的時候，由於心態還停留在學生時代，每天都被女主管罵到臭頭，至少就因此哭過三次。那時候每到午休時間，我就一個人沮喪地坐在中庭，同期的同事都會來安慰我。當時我很認真在想，是不是乾脆辭職算了。

就在那個時候，其實你曾經主動關心過我。

你看到我一臉愁眉苦臉的樣子，要我有事都可以去找你商量。當時在公司裡除了同期的同事以外，我覺得自己一個朋友也沒有。有個人主動這麼關心我，讓我真的很感動。

所以，後來每一次面談，我都會很認真地把認為可以改善的問題跟你說。也是因為這樣，所以我今天才會一起跟你吃這頓飯。

一聽到投資，可能多少會讓人感到卻步。不過，正因為身兼二職，我才有辦法直到現在還留在公司裡沒有辭職。如果把投資當成一種方法來看待，或許可以從中找到解決的出口也說不定。」

回家時，務在家裡附近的車站下了車，一路散步回家。他邊走邊想，發現心裡除了有說不出的恐懼以外，另一方面卻是抱著一絲的希望。

他知道自己在財務上必須有所作為，可是又害怕自己做不到。另一方面又懷抱著希望，覺得只要行動前考量周全，說不定可以找到擺脫困境的方法。

（原本想知道目代轉變的原因是什麼，沒想到竟然是跟錢有關。就算有那種多餘的閒錢，我還不是得先拿去還老爸欠下的債務。）

可是他心裡明白，這種生活，光靠自己的薪水和敬子打工的錢，總有一天一定會撐不下去。

作者的財富分享 3

人生最大的風險就是「毫無作為」

讀到這裡，各位發現了嗎？
務已經踏出解決問題的第一步了。

他開始思考「是否有方法可以解決自己的問題？」，根據意識到的問題，展開行動。

即便不知道他人的方法是不是也適用於自己，不過至少沒有抱著一概否定的態度，而是試著去接受，瞭解原來也有這種方法。這就是學習的第一步，學習自己過去不懂的方法。

人對於沒有嘗試過，或是有違自我價值觀的方法，通常都會感到排斥和抗拒。

這是很自然的反應。

因為大家對於沒有嘗試過的事都會感到害怕。

尤其只要關乎錢，人會變得格外謹慎。因為大家都覺得錢很重要，可以左右一個人的人生。

說到關於投資等致富的方法，如果光是口說無憑，當然會讓人半信半疑。然而，很多像務這樣的上班族都沒有意識到的一點是，生活只有一個收入來源，其實存在著非常大的風險。

我自己過去就是這樣，後來在二十五歲那年讀了羅勃特．清崎（Robert Kiyosaki）的《富爸爸，窮爸爸》，受到非常大的震撼。

羅勃特．清崎是金融教育公司「The Rich Dad Company」的創辦人，不斷奔走於世界各地推廣金融教育的重要性。在《富爸爸，窮爸爸》一書當中，他透過自己從兩個教育方式截然不同的「富爸爸」和「窮爸爸」身上所受到的影響，整理出一套獨特的經濟理論。

在閱讀這本書的過程中，我突然意識到，萬一自己哪一天病倒了，可能會頓時失去收入來源。這種生活本身，其實存在著相當大的風險。

務一聽到投資和理財顧問就心生抗拒，這是因為他之前完全沒有接觸過這類的事情，會有這樣的反應很正常。事實上，理財顧問也不是完全可靠，因此根據個人觀點不同，最好也不要全然相信。但是如果防衛心過重，只會造成好不容易終於鼓起勇氣行動的人生，又繼續停滯不前。

那麼，如果想透過安全的方法致富，到底該怎麼做呢？答案就是請教會賺錢的人。也就是向成功的人學習經驗。

我很喜歡一句話：「聰明的人也會向笨的人學習，笨的人卻不會向聰明的人學習。」這是德意志帝國第一任宰相俾斯麥的名言，他甚至還說過「只有笨的人才會從自我經驗中學習」。

不論怎麼說，當人生面臨抉擇或困境時，就是拋棄舊有做法的時候。

因為正是這些方法，造成了自己今天的痛苦。

接下來就是盡其所能地去請教已經實現夢想人生、擁有一切夢想事物的人，向對方學習適合自己改善自我狀況的方法。

至於要不要照著對方的方法去實踐，不妨先瞭解之後再做打算。如果聽完對方的方法之後，覺得「不適合自己」，就繼續尋找其他適合的人。就算一開始就找到適合自己的方法，也不要輕易地照單全收，可以多聽幾種不同的方法，互相比較、思考。

漸漸地就能從中找到自己的方向。

近來，在日本有愈來愈多人都有自己的人生導師。所謂人生導師，指的是在工作和人生方面走在自己前方，足以作為「目標」的人。透過經常拜訪、請教，可以使自我目標更清晰，並且獲得提點。各位務必也要為自己找一位人生導師。

向失敗的人學習，就等到成功之後再說吧。

在這之前，請務必先聽聽成功者的經驗。

勇氣與財富的法則

3

只看見失敗的人，
即便有機會也遲遲沒有行動，
人生永遠不會改變。
唯有改變舊有的做法，
向真正的成功者學習，
才有辦法走出一條路。

IV 人生的風險

（哇！住這麼高級的高層公寓大廈呀！）

距離上次一起用餐兩週後的週日。

務照著目代給他的地址，來拜訪所謂的理財顧問。眼前的公寓大廈讓他不由得驚呼。據說，對方就是在裡頭住戶專用的咖啡廳和大廳會客室裡，替人提供諮詢服務。

這棟頂級公寓位於市中心，樓高有三十六層。

和務的人生是截然不同的兩個世界。

（感覺好像會是個暴發戶之類的人……）

務的腦中頓時浮現「Hills族」（譯註：指六本木一帶的上班族，或是居住在這裡的人）一詞，心裡閃過一絲不安。「去聽聽就好，絕對不能被騙。」他告訴自己。重新整理一下心情之後，鼓起勇氣按下對講機。

「哪位？」

「那個……我是鈴木。」

「請進。」

大門打開了，務被帶到大廳等候。

「你好，請問是鈴木先生嗎？」

過了一會兒，有個人走了過來。

務緊握對方的手。

「我是。咦？你不就是那個……」

眼前這位一身休閒打扮、長相清爽的年輕人，正是務前陣子午休時在公園裡見到的那個年輕爸爸。

「原來是你呀！你竟然是目代的同事？」

「竟然有這麼巧的事。」

這麼一想，這棟公寓大廈距離公園的確很近。務當初就是為了不讓公司的人看見，才會特地走到和公司有段距離的高級住宅區的公園裡用餐。男子既然住在這裡，會帶孩子去那個公園玩也很正常。

「你好，我叫做小谷。」

男子向務自我介紹。

在小谷的邀請下，務進到這棟奢華公寓大廈的住戶專用咖啡廳，坐在高級的沙發上。

咖啡廳有著挑高的天花板，宛若五星飯店的酒吧。務突然覺得自己和這裡格格不入，開始感到坐立不安。

「那我們就開始吧。如果不介意的話，是不是可以把你的狀況說給我聽聽呢？」

在服務生送上兩杯咖啡之後，小谷直截了當地切入主題。

「喔好。」

務很自然地就將自己目前的狀況說給小谷知道。

換作是以前，他完全無法想像會把自己的遭遇，跟一個和目代一樣比自己年輕好幾歲的晚輩訴說。更別說對方還是自己不信任的投資客和理財顧問了。

倒不是因為談話中得知小谷和自己是同一所大學的學弟，所以才對他卸下心防。而是，不曉得是因為小谷散發的氣息，還是因為自己內心對人生的不安，又或者是因為看到小谷幸福的模樣，務總覺得或許可以從他身上找到答案也說不定。

「是這樣的……」

小谷認真聽著務的描述。

等到務說完之後，小谷先是嚴肅地點了點頭，隨即又恢復笑容跟務說：

「其實你已經邁出解決問題的第一步了，不是嗎？這可是很重要的一步呢。」

「我有嗎？」

「有啊。很多人雖然嘴裡喊著沒錢、沒錢，可是卻毫無行動。但是你不一樣，為了家人，你已經決定要改變了。你一定要對自己有信心！」

「是這樣啊。謝謝你。可是，我沒有想過要投資，而且我也沒有多餘的錢可以花三十萬請你來當我的理財顧問。」

「那不是問題。比起投資什麼的，我認為你需要做的，是把現階段可以想到的風險，全部列出來。」

「把風險列出來？」

「我在想，你所擔心的事，只要有了錢，應該都能迎刃而解。你現在只是沒有錢而已。

你可以試著把目前的狀況，具體地寫出來。除了薪水多少、每個月的實際所得要用來支付哪些費用以外，還要包括你的終身所得有多少，以及接下來的人生需要多少錢才夠用等等。

只要大概的數字就好，把這些全部列出來。

這麼一來，應該就會知道現在自己必須怎麼做了。

現在你可能不懂這麼做的用意是什麼，不過就當是被騙也好，試試看吧。」

「什麼！一定要做嗎……」

務對小谷的話相當猶豫，很明顯地開始產生動搖了。

而且老實說，他已經後悔剛剛把狀況全告訴了小谷。

因為小谷的提議讓他感到無比的不安。

「這對我現在的狀況，好像沒有什麼幫助……」

務像是在找藉口似的。

「嗯，不過沒關係。請你一定要試試看。

只要這麼做，你的問題或許就能解決了。」

小谷的眼神看起來十分堅定，務莫名地就被說服了。

「好吧，我知道了，我會盡力去試試看的。」他說。

小谷很開心聽到務的決定：

「另外，你現在不用付我諮詢費，因為我覺得跟你好像特別有緣。費用就等到日後你真的嘗試投資、賺到錢再說吧。那麼，我們就下個禮拜再見嘍。」

傍晚，告別小谷之後，務搭電車回到家裡附近的車站。他沒有直接回家，而是來到車站旁的咖啡店「SUZUKAGE」。務在家裡沒有自己的房間，如果要進行小谷給他的功課，還是在家裡以外的地方比較適合。

噹啷～

一推開咖啡店復古的大門，咖啡香迎面撲鼻而來。老闆依舊是一身戴著領結的裝扮。好久沒有來這裡了。

務挑了最裡頭的沙發座位，椅子的布料是胭脂紅色的上等天鵝絨布。一坐下之後，連菜單都沒有打開就直接跟老闆說：

「我要一杯藍山。」

在父親病倒送進安養中心之前，務最喜歡來這家咖啡店，品嘗藍山精品咖啡。

對於現在一個月只有兩萬圓零用的務來說，這裡一杯九百圓（稅外）的咖啡實在是奢侈的享受。不過今天不知道為什麼，就是想到這裡來喝杯咖啡。或許是因為覺得自己接下來要進行什麼特別的事吧。

老闆以法蘭絨濾布全神貫注地為務沖泡咖啡。

「這是您的咖啡，請慢用。」眼前的咖啡飄來熟悉的優雅香氣。務的心中湧起一股莫名的感動。胭脂紅沙發彷彿成了自己舒適的個人空間。

受到咖啡香氣的激勵，務在心裡告訴自己：

（好，就試試看吧！）

家裡的開支平時都是敬子在處理，詳細的支出務完全不清楚。不過，既然小谷說只要大概的數字就好，那麼就先把目前大致的財務狀況列出來吧。原本只打算隨便寫一寫，結果就這樣一路寫下去，感覺像是在計算他人的支出似的。

看著自己寫出來的列表，務頓時傻眼。

自己雖然年收入有五百萬圓，不過以實際所得來計算，每個月只拿到大約二十五萬圓。其中九萬圓是用來支付每個月安養中心的費用及父親的債務，扣掉之後，一個月實際只有十六萬，再加上敬子打工的五萬，以及一萬圓的兒童津貼，一共是二十二萬圓。一家三口一個月的生活費就全靠這筆錢了。

這筆錢別說是兒子的學費了，就連夫妻兩人以後的老後生活都不夠用。務從以前就一直擔心的未來，經過這一番計算之下，如今成了確定的事實。

收入		支出	
務的薪水 （實際拿到的數字）	25 萬圓	房貸	10 萬圓
敬子的打工費 （實際拿到的數字）	5 萬圓	伙食費	4 萬圓
兒童津貼	1 萬圓	瓦斯水電費	1.5 萬圓
		電話費	2 萬圓
		保險費	1 萬圓
		衣服、日用品	1 萬圓
		務的零用錢	2 萬圓
		安養中心、 父親的債務	9 萬圓
		交通費及其他	1.5 萬圓
共計	31 萬圓	共計	32 萬圓

（這樣的話，辛苦工作、拚命省錢，不就完全沒有意義了嗎？）

憤怒、沮喪、擔憂，所有情緒同時湧上心頭。當下的一瞬間，原本喝咖啡的餘裕，也瞬間轉變為極大的罪惡感。務感覺自己緊張到連表情都變僵硬了。

（不夠，錢根本完全不夠。

這根本就不是要不要節省的問題了。）

雖然每個月都過得很辛苦，不過一直以來都以為這樣的日子總有一天會結束。或者應該是說想要這麼相信吧。不知道為什麼，就是覺得只要現在努力一點，將來老了之後就能過平靜的生活。

不過現在他知道了。

經過試算之後，很明顯的未來最少也需要超過三千萬圓，自己根本完全沒有這筆錢。

務苦惱地抱著頭。

這時候，他忽然想起小谷當初說的話。

「把數字列出來之後，應該就會知道現在自己必須怎麼做了。」

務似乎明白了。

雖然知道答案，可是卻不想面對。

看來得再去拜訪小谷了。他心想。

決定之後，務一口氣喝完杯子裡已經冷掉、走味的咖啡，沉重地步出咖啡店。

作者的財富分享

4

就算害怕，也要把目前的財務狀況具體列出來一一檢視

「請問你現在的薪水和收入，都用在哪些地方？」

來找我尋求諮商的人當中，很多人聽到這個問題就開始緊張。

有人會急忙解釋：「平常都是我太太在管錢的。」

有人則是開始為自己找藉口：「呃，老實說我沒有記帳的習慣，因為實在太忙了……」

雖然每個人的說法不同，不過緊張其實是另有原因。

說白了，就是因為害怕。沒錯，就是「出於恐懼的心理」。

不論是沒來由地對金錢沒有安全感，或是為錢所困的人，面對這個問題，大家都會害怕。為什麼會這樣呢？

其實這是因為「害怕看清楚現狀」。

我大學念的是東京六大學之一，一畢業就進入建築材料製造公司工作。該

公司為業界首屈，所以我以為自己接下來的人生將會一帆風順。

只是沒想到，這種幻想沒有多久就破滅了。

當時我負責業務的工作，白天四處奔走拜訪客戶，回到公司之後還要處理一大堆行政工作，期間還有響不停的電話要應付。簡單來說就是血汗企業底下的奴隸。

工作得這麼辛苦，年收入卻只有大約三百萬圓。就算後來轉換跑道，年收入也不過只有三百五十萬圓左右。

當然，以同世代的人來說，這樣的收入還算達到平均水準。但是，對結婚生子的生涯規劃而言，根本完全不夠。就算加薪也是有限，於是我告訴自己，再這樣工作下去恐怕沒有未來。

只不過，雖然明白這一點，我卻遲遲無法踏出改變的第一步。

因為我害怕。

我的個性原本就十分膽小。

別說是改變了，我比故事裡的務更逃避面對現實，繼續待在公司裡，讓自己漸漸麻痺，甚至認為自己看起來就像是能幹的上班族。「忙到沒有時間睡覺」這種話，對我來說是「有能力的男人才會說的台詞」。

我不想看清楚自己的現況。

因為我害怕承認。

考上目標大學，順利畢業，依照人生規劃進入大公司工作。這樣的我，竟然選錯了公司。如果繼續靠這份薪水像奴隸一樣工作下去，夢想中的未來永遠不會有實現的一天。

我在無意識間選擇漠視這一切，讓自己忙碌到連思考的時間都沒有。

然而，這種逃避現實的做法，只會帶來悲劇。

因為不想看見，所以選擇不看，恐懼只會愈來愈大。

因為害怕，所以不看，不看就更害怕……

最後陷入惡性循環當中，漸漸動彈不得。

有一本經典暢銷書名叫《我的人生思考》（*As a Man Thinketh*），包括戴爾·卡內基（Dale Carnegie）和奧格·曼迪諾（Og Mandino）在內的現代成功哲學始祖，都深深受其影響。我非常喜歡書裡頭的一句話：「每個人都是自己人生的主人。」這本書的一開始是這麼說的：

「人的內心就像一片花園。有人會用智慧灌溉這塊園地，有人選擇放任不管。不論何者，一定都會長出東西。

假如你沒有在自己的花園裡播下美麗花草的種子，那裡終將落下無數的雜草種子，成為一塊雜草叢生的土地。」

（詹姆士·艾倫著）

既然如此，要怎麼做，才能跳脫雜草叢生的人生呢？書裡頭是這麼寫的：

「如果想活出精采人生，就必須挖開內心的花園，拔除裡頭不純粹的錯誤思想，然後種下純真的正確思想，並細心呵護它。」

因此，首先第一步，擺脫現狀的方法只有一個。

就是面對現實。

最後，我在二十六歲那一年，終於選擇正視自己的狀況。只不過，之前面對金錢的恐懼，我至今記憶猶新。

才二十幾歲的我都有這種感覺了，可想而知，像故事中的主角務一樣年屆四十的人，要認清自己的人生其實充滿風險，心裡會有多害怕。

只不過，既然遲早都是要面對「錢不夠用」的現實。

那麼，盡早正視問題總是好事。

早一步意識到問題的存在，就能早一步重新整頓自己內心的花園。

也能早一步致富。

每一件事情都有原因和結果。

必須好好正視導致眼前結果的原因才行。

讀到這裡，假使各位也感到緊張、擔心，現在就是你開創人生的大好機會。

4

只有將內心花園裡蔓延生長、
名為「維持現狀」的雜草拔除，
重新播下致富的種子，
才有辦法成為自己人生的主人。

V 感謝的「價值」

一個星期後。

務趁著某一天上班中午休息時間，直接來到小谷的公寓拜訪他。

小谷已經提早在咖啡廳等候了，就坐在一個星期前的那張沙發上。

看到匆匆趕到的務，小谷笑著問：

「發生什麼事了嗎？」

務幾乎沒等小谷說完便急著說：

「我需要錢！……呃……」

務的聲音之大連自己也嚇了一跳，覺得有點丟臉。看到務的反應，小谷似乎很滿意：

「沒錯！你需要錢！你的確需要！」

「可是，我不敢像你一樣有勇氣投資。不過我也很清楚，再這樣繼續賣命工作也沒有未來，一定要有所改變才行。但我真的很害怕改變現狀……」

務說完一臉垂頭喪氣，沉默不語。

看到他的樣子，小谷說：

「我以前就跟你一模一樣，年收入只有三百萬，每天像奴隸一樣為公司賣命，又不敢改變現狀。要離開曾經覺得『進到這家公司就放心了』的地方，確實會讓人恐懼。」

「原來你以前也是上班族啊！」

「是啊。要放棄上班族的身分轉做投資，真的會讓人很不安。只是，繼續過著原本的生活讓我更害怕。」

「我懂你的感覺！當我看到自己寫下來的收支狀況之後，我害怕到完全不知所措。」

「我以前也是這樣。其實我到現在還是個不折不扣的膽小鬼呢。我當初也跟你一樣不敢改變。不過雖然膽小，我還是鼓起勇氣去做了。而且正因為膽小，所以一開始真的是從很小的一步做起。」

「很小的一步？」

「是啊。我覺得這是每個人都可以做到的第一步。說到找理財顧問，大家可能會馬上聯想到被推銷金融商品之類的。事實上，找理財顧問最重要的，是改變對金錢的不好印象，發現金錢的真正意義。

很多為錢所苦的人，都不知道金錢的意義是什麼，而且會覺得自己不值得成為有錢人，也不會變成有錢人。

所以一開始不能操之過急，要像爬緩坡一樣，一點一點改變對錢的感覺。你想試試看嗎？」

「改變對錢的感覺？」

「沒錯。來體驗一下不必為公司賣命，也能靠自己賺錢的感覺吧。」

小谷向務提出兩個做法。

「首先，很多人在錢不夠用的時候，都會想辦法省錢。你只要在不強迫自己的範圍內去做就行了。」

「用不強迫自己的方式省錢嗎？」

「沒錯。就拿手機來說好了。」

小谷指著務的 iPhone。

「現在市面上也有很多便宜的手機，只要改用便宜的手機，比起大型電信公司的月租費，可以省下好幾千圓。家裡的瓦斯電費也可以比較一下民營的選擇，然後實際採取行動去做。多出來的錢，就當成是多賺的，而不是省下來的。」

務看著自己的 iPhone。雖然這已經是第三代之前的機型了，不過自己從來沒有想過要節省每個月的電話費。就連瓦斯電費也是一樣，雖然知道怎麼做可以省錢，卻一直沒有付諸行動。一部分是因為家裡的錢都是交由敬子在處理，不過另一個原因是，其實自己連講求效率的多餘心力都沒有。

「另外你還可以試著做一件事，就是把用不到的東西拿去二手市場賣掉。」

「二手市場？」

「沒錯，就是把少了也不會影響生活的東西，拿到網路上的二手市場賣掉。要賣什麼都可以，不過有一點很重要。」

「是什麼？」

「你要試著刻意去改變對錢的想法。」

「改變對錢的想法？」

「我問你，錢對你來說是什麼？」

「是什麼？錢就是沒有會很困擾的東西啊，是生活的必需品。」

「好。那麼，你覺得怎樣才能賺到錢？」

「賺錢？就努力工作啊。」

「沒錯！就是這種想法，你一定要改變才行。

現在日本的勞動人口，仍有八成的人對錢還一直抱著錯誤的想法和觀念。

事實上，錢代表的是感謝。

也就是說，別人給你錢，一定是因為你對對方有所幫助，對方對你心存感激。」

小谷的話讓務聽得一頭霧水。

自己一直以來每天都是辛苦工作。

早上搭著擁擠的電車上班，一整天待在公司裡工作，換來一份薪水。然後再將辛苦拿到的錢原封不動地交給太太，自己每天啃麵包，靠這樣撐起一個家。

工作二十年來從來不曾想過，自己的工作會讓誰心存感恩。

「東西拿到二手市場之後，一定會有想要的人，自然就會對你心存感激。你就從這一點開始做起，體會一下這種感覺吧。

這麼做比一下子就要你投資簡單多了吧？」

當天回到家、用過晚餐之後，務趁著敬子在洗碗，一個人坐在二樓房間的小桌子前，打開筆電。

他先上網搜尋有關節約省錢的資訊。

網路上有非常多省錢的方法。

甚至有人利用小谷所說的改用便宜手機及變更電力公司等方法，稍微花點時間研究，再加上忍耐些許的不便，一年竟然省下一百萬圓。大家對省錢的用心，讓務相當驚訝。

「原來大家都為了省錢這麼努力！」

再回頭看看自己，即便知道沒有錢，卻什麼也沒做，實在感到很羞愧。

話雖如此，不管哪一種省錢的方法，現在家裡的開支都是由敬子在處理，根本不是馬上自己說了就算的問題。而且，眼前不爭的事實是，現在夫妻兩人的關係降到冰點，完全無法溝通，更別說要建議她怎麼省錢了。

「這個就先緩緩再說吧。另一個方法是賣掉沒有用的東西。」

之前電視新聞就曾經報導過時下盛行的二手拍賣網站，所以務很快就找到幾個網站，瞭解拍賣流程之後，馬上就用手機下載應用程式，登錄成為會員。

（接下來，要拿什麼去賣呢……）

務環顧了一下房間，打開櫥櫃。

「現在可以變賣的，應該只有這個了吧。」

儲櫃裡擺著一整套的高爾夫球桿。

務打開球桿袋，伸手摸向其中一支球桿。

球桿是知名的「SCOTTY CAMERON CLASSIC 1」。為了分辨是自己的球桿，上頭的「S」和「T」兩個字母被描上黑色油性筆，代表自己名字的第一個字母。對務來說，這支球桿比任何東西都還要寶貴。

「好吧。」

盯著球桿袋看了好一會兒之後，務點了點頭，似乎是下定決心了。他平靜地將球桿的資料登錄上網。

幾天之後，球桿以大約五萬圓的價格賣出。務親自將球桿交給宅配業者。

又過了幾天，買家傳來收到球桿的訊息。

上頭是這麼寫的：

「非常感謝您將這別具意義的球桿賣給我們。

我有一個兒子，今年十三歲，我們決定栽培他打高爾夫球。

雖說希望他能夠成為一名職業選手，不過其實家裡沒有錢幫他買新球桿，所以才會找二手的。

當他在網路上看到您的球桿時，興奮得直說：『我要這支！這可是很珍貴的球桿耶！』

更別說他收到球桿時有多開心了。

我們會好好愛惜這支您寶貴的球桿的。

衷心感謝您的出讓。」

現在二手拍賣網站的交易都是採匿名的方式，彼此不會知道對方的名字和地址，自然也不會瞭解對方的狀況。

可是從這段訊息裡，務看到了滿滿的感謝。

自己長年收藏在櫥櫃裡沒有用到的球桿，竟然成了一名少年邁向光明未來的車票。以車票換到感謝和金錢的務，一想到這裡就很開心，一股暖流湧上心頭。

「原來，錢象徵的就是感謝。」

幾天之後，務又來到熟悉的咖啡店「SUZUKAGE」，給自己點了一杯藍山咖啡。他細細品嘗這杯九百圓的咖啡，喝得完全沒有罪惡感，因為這是用拍賣得到的錢付的。

「謝謝你，咖啡很好喝。」

結帳時務對老闆說。他內心充滿感恩，感謝老闆為自己沖了一杯如此美味的咖啡，也感謝買下球桿的那個人。

「別這麼說，我才要謝謝你呢。很高興最近又開始看到你了。」

老闆笑著說。

「咦！你記得我？」

「當然記得啊，我怎麼可能忘記喝我的咖啡喝得這麼享受的人。謝謝你。」

「做了讓對方開心的事，就能得到錢……這之間衍生出來的，應該就是信賴吧。」

在回家的路上，務一直想著買下球桿的那個人和他的兒子。一直以來自己都對金錢抱著偏見，而且深信不疑。但是現在，他感覺自己的想法慢慢變得不一樣了。

作者的財富分享 5

改變對金錢的「觀念」

錢不夠用。

要打破這個現狀，多數人最先想到的，應該都是「省錢」吧。

很多錢不用夠的家庭，都會更想盡辦法省錢，卻感覺錢愈來愈不夠用。省錢的效果有限，除非想辦法開源、增加收入，否則想光靠省錢解決錢不夠用的問題，是不可能的。

要想致富，首先第一步就是要思考「怎麼做才能得到錢？」。既然如此，在某種意義上，省錢也可以說是阻礙致富的一種想法。

不過省錢也有好處。

也就是可以體會「省下來的錢也是一種收入」的道理。

因為很多「覺得錢不夠用的人」，除了不太願意花錢以外，另一方面對於付出去的支出，卻經常都是漠不關心。

正因為如此，所以可以試著找一樣東西，以不勉強的方式想辦法去省錢。這麼做是為了讓自己可以體驗到透過採取行動得到錢的成就感，踏出改變的小小一步。

另外還有一點是，我認為日本一直以來的教育都沒有教我們如何賺錢，而是告訴我們要以時間和勞力辛苦換取金錢。

戰後被稱為企業戰士的父執輩們這麼做，或許可以說是不得已。

但是，高度經濟成長期如今已然結束，在終身雇用制度和獎金、加班費都沒有獲得保障，年金制度也因為少子化瀕臨瓦解的現代，「一旦成為企業的正式員工，努力工作，一輩子就不必煩惱」、「錢必須賣命工作才能換得」的觀念，感覺就像是上個世代根深柢固的落伍說法。

因此，在學習賺錢方法之前，最好多少能先有所體會。

體會金錢究竟是什麼。

錢原本並非必需品。

在以前還沒有金錢的時代，人們都是靠以物易物的方式換取各自想要的東西。

住在山上的人或是狩獵，或是採集菇類；住在海邊的人則捕魚、採集海藻，彼此交換需要的東西。

雙方之間靠的是「信賴和感恩」，而不是金錢。

到了後來，生活變得複雜，社會分工，人們才開始用錢換取需要的東西。

這時候，當自己為他人的生活有所付出，就能得到錢。

換言之，錢成了「信賴和感恩」的象徵。

若是想賺錢、變成有錢人，首先最重要的，就是領悟金錢原有的真正意義。

第一步要做的，就是把自己家裡用不到的東西，讓給需要的人，換取對等的金錢。

請各位好好地去體會自己賣出的東西，變成對方迫切需要的東西，彼此之間因而產生信賴和感恩的關係。

勇氣與財富的法則

5

金錢建立在「感恩」和「信賴」之上。
只要一直做出值得他人感恩與信賴的行為，
金錢自然會源源不絕而來。

VI 重新懷抱夢想

一個星期後，務再次來到小谷的公寓。

「關於金錢象徵著感恩和信賴這一點，我已經稍微能夠理解了。」

務一掃之前的憂愁，開心地將賣掉球桿的事說給小谷聽。

「那真是太好了！

我以前當上班族的時候也跟你一樣，完全不覺得自己對公司有什麼貢獻，也從來不覺得自己領薪水是因為對他人有所幫助、使人開心的緣故。」

「是啊。自從嘗試了你要我做的事情之後，我終於明白自己現在的處境有多麼危險了。只不過……」

「只不過什麼？」

「話雖然這麼說，但我還是不像你跟目代一樣有勇氣投資。再說我也沒有那種閒錢。我只是在想，既然不能這樣繼續下去，乾脆利用下班的時間去做夜間倉庫管理員，或是兼差修馬路好了。或者考慮重新進修學習新技術，轉換跑道。」

務喝著咖啡苦笑著說。

「我明白你的心情。五年前我也是每天過得很辛苦。我問你，做什麼事會讓你打從心底覺得開心？」

「覺得開心的事嗎？」

小谷的問題總是讓務一頭霧水，就像現在這個突如其來的問題，自己以前根本從來沒有想過。

這幾年來，不，應該是說這幾十年來，已經沒有什麼事會讓自己開心了。與其這麼說，其實自己對任何事情都沒有興趣，甚至覺得長大之後有了家庭就是這樣。

尤其自從生活變得更辛苦之後，胸口經常有股壓迫感，做任何事都感覺不到快樂。

不過，現在被小谷這麼一問，腦中倒是馬上浮現一件事。

也就是之前賣掉的球桿。

「應該是打高爾夫球吧？」

務一臉懷念地望著天空說。

「其實一直到大二為止，我的目標都是要成為一名職業選手。」

「真的嗎？那很厲害耶！」

務年輕的時候各項運動都難不倒他，所以他一直希望可以成為運動選手。小學時他在電視上看到高爾夫球比賽，場上有一位和自己同年紀的年輕職業選手，讓他覺得自己也想變成和他一樣。那個人正是老虎伍茲。

他央求父母買球桿給他，母親想盡辦法四處籌錢，後來終於為他買了一套二手的球桿。於是務開始每天努力練球。

他本身的體能非常好，領悟力也很高。

所以一直以來都還有不錯的成績，可是卻在職業考試中遭遇難關。

他始終無法通過考試，最後靠著獎學金進入大學就讀。除了繼續挑戰職業考試之外，他也加入某個高爾夫球俱樂部。俱樂部的老闆岡村先生，過去同樣是以職業選手為目標。他看中務的才能和發展性，主動給予一對一的指導，對務十分照顧。他將自己的球桿送給務，也就是前陣子在網路上賣掉的 SCOTTY CAMERON 的球桿。務為了賺取學費，也在俱樂部打工當教練，同時專心地朝著職業選手的身分努力。

原本個性就溫和、認真的務，當起教練也十分盡責，成為學員指定教練的第一人選，為自己賺到大學學費和生活費。

大學畢業之後，務仍然繼續待在俱樂部接受岡村先生的指導，不放棄職業選手的夢想。然而，他一直沒能通過測驗。看著後進們紛紛比自己先取得職業選手的資格，他內心愈來愈著急。

後來，當他看到比自己整整小上一輪的石川遼，以史上最年輕的年紀贏得男子巡迴賽優勝時，他終於決定要放棄夢想了。

「就算拿到職業選手的資格，我也不敢想像以後要和他對戰……再說，我早就忘了過去自己有夢想時的模樣了。」

務朝著小谷輕輕一笑。

「雖然懷念，不過那也是一段我不願意回想起來的過去。只是沒想到，當你問我『做什麼會覺得開心？』時，我第一個想到的就是高爾夫球，還真是不可思議呢。或許是因為前幾天才在網路上把寶貴的球桿賣掉的關係吧。」

「是這樣嗎？那我可以再問你一個問題嗎？」

「什麼問題？」

「假如你有花不完的錢，你會想用來做什麼？」

「花不完的錢？」

「對，花不完的錢。」

小谷莞爾一笑。

「這樣啊……我會先把房貸還清，然後送兒子去瑞士念想念的大學，再還清父親的債務，把他接到住家附近的安養中心來住。另外，我還想帶老婆出國去走走。」

務說著說著，一時之間突然百感交集。

（沒錯，我其實一直都想讓家人過著幸福的日子。）

務覺得自己彷彿從人生的惡夢中清醒，心裡開始湧現各種思緒。

（不只是這些，小時候和念書時描繪的那些「長大之後要買什麼、去哪裡玩、做什麼事」的夢想，自己也都忘記了，不知道從什麼時候開始，已經不再去想它了。等到發現時，我已經說服自己滿足現狀，覺得「自己和家人的生活這樣就夠了，不想再有過分的期待去嘗試挑戰，最後只換來挫折」。）

「還有就是……打高爾夫球吧。雖然已經不會想再成為職業選手了，但是我想加入俱樂部。而且如果可以教孩子們打球的話……啊，一說就停不來了呢。」

務不好意思地笑了。

「你說的這些，只要有錢，全部都可以實現唷。」

「全部？！」

「是啊，全部。」

「對於像你一樣有錢的人來說，這些或許是可以實現的夢想，但是對我來說恐怕不是……」

「我一直到幾年前，都還只是個年收入三百五十萬圓的上班族，所以和這個完全沒有關係。如果要說我們之間有什麼不同，那就是我把很多成功哲學書裡頭都有提到的一個很簡單的做法，化為實際行動去做。」

「什麼做法？」

「確定自己的目標，然後採取行動。就是這樣而已。」

小谷的話，讓務想起一九三〇年代相當活躍的美國高爾夫球選手班・侯根（Ben Hogan）曾說過的一句話：

「人生中為了實現自己的夢想，一定要做的一件事就是——『決定自己的夢想！』」

作者的
財富分享

6

回想自己真正想做的事

做什麼事會讓你感到真正的開心呢？

假設學會致富的方法、財富源源不絕，你會想用這些錢來做什麼呢？

很多人聽到這些問題，一時之間都回答不出來。

有些人會很謙虛地說「不可能會有那種事啦！」，或是「我又沒有什麼一技之長」。也有人會感到忿忿不平，覺得「只有少數人可以有了家庭之後還能想做什麼就做什麼」。

不過另一方面，有些人則是會慢慢回想起以前的興趣，或是想做的事、想實現的夢想。很神奇的是，這些人一旦想起來之後，就會彷彿開啟某個開關，滔滔不絕說個不停。

說了一會兒之後，最後多半都會這麼說：

「不過，這都已經是過去的事了。」

「算了，只是夢想罷了。」

日本的教育只會教人如何考上好大學、進入大企業工作，從來沒有教過實現夢想的方法。等到進入大企業工作之後才發現，通往夢想中的大人的道路，早已被阻斷。

當然，有一部分的人即便在大企業工作，也有很明確的職涯規劃，不僅樂在工作，而且擁有相當的收入，可以隨心所欲做想做的事。

只不過，多數人都是像我一樣，放棄自己想做的事，為求一生安穩而把心力投注在參訪企業和找工作上，最後進入企業工作。然後才發現，這根本不是自己描繪的人生。

一旦把工作當成只是個出賣時間和勞力的地方，每天的日子就只會變成一連串的自我壓抑。為了家人，也為了生活。

然而，如果再也不需要為錢煩惱的話呢？

我再問一次各位。

如果有錢可以實現所有想做的事，你會想做什麼？

我以前很喜歡聽 Mr. Children 的歌。

念大學的時候，我組了一個樂團，在那裡認識了現在的老婆。她很會唱歌，我則是會彈吉他，其實一直到現在，我們每年都還會舉辦一兩場現場演唱會。我一直希望以後到了四、五十歲的時候，還能像這樣和她一起從事更多音樂活動。如果可以包下整間 live house 舉辦演唱會，肯定會很過癮。

如果我有錢，這個夢想就能輕易達成。

當然，我並沒有打算要朝音樂人的路發展。只是即便如此，金錢還是有辦法可以讓我以不同的方式，實現以前的夢想。

現在請各位拿出筆記本，針對「如果我有錢，我可以……」、「如果我有錢，我想做……」，寫下你的答案。接著把這些答案謄到另一張紙上，貼在浴室的鏡子旁邊，每天提醒自己。

我經常會要求客戶和學生這麼做。寫在不會濕掉的紙上，貼在浴室裡，不僅可以提醒自己做什麼會開心，對於保持動力也很有效。

各位在面對金錢的問題時，或許也像務一樣，先想到要解決眼前生活上的困境。

只是，真正重要的其實是接下來。

假設自己有錢，可以做到的事必須要：

盡可能愈多愈好。

盡可能愈大愈好。

盡可能讓自己開心。

只要專注在這幾點，人就不會再「找理由說服自己不去做」了。

賈伯斯曾經說過：「成為墓園裡最有錢的人對我來說一點都不重要。能夠每天晚上睡覺前對自己說我們做了很棒的事，才是最重要的。」一般人希望「變有錢」的時候，其實心中真正希望的，不是擁有實際的金錢。這句話的背後，一定有個擁有錢之後想得到的東西。

如果只是單純「想變有錢」而專注在「賺錢」和為達目標必須的「工作」上，有時會讓人失去鬥志，或是覺得自己辦不到，甚至是產生罪惡感。因為他們總是會看到自己一直以來的「金錢觀」和「沒有錢」的現實，因此阻礙了前進。

但是，如果把重點放在有了錢之後就能做的事、可以得到的東西，以及那時候心中的喜悅，觀念也會跟著改變。

而且，透過明確地說出自己想要的東西並非金錢，會讓人產生無比的勇氣去踏出改變生活的第一步。

6

別去想「我沒有錢，我想變有錢」，
而是把思考重點擺在
「有了錢之後能做的事」，
自然就會有勇氣。

VII 突破框架

再見到小谷的時候，務對於自己的未來已經有所想像，神情也變得開朗許多。當然，這時候的他還沒有採取任何跟賺錢有關的行動，所以收入還是跟以前一樣。只不過，他很清楚自己的想法已經漸漸不同了。

「你看起來好像很開心呢。」

「因為我稍微想起以前年輕時的自己了。那時候不會煩惱沒有錢，對人生總是懷抱著夢想。感覺就像單純感受著天空的蔚藍，在陽光下奔跑一樣自由。」

務笑了笑，接著又說：

「不過，我還是沒有勇氣採取行動……」

「這樣就已經夠了。

現在你對未來抱著希望，還回想起開心的感覺，就是一大進步了。

接下來我要請你嘗試新的挑戰。」

「新的挑戰？」

「沒錯。在思考具體的賺錢方法之前，你必須先瞭解，過去的選擇造就了現在的你。

所以，接下來你要勇敢做出和過去不一樣的行動。」

「和過去不一樣的行動？」

「是的。我想請你試著挑做了絕對有用，但實在很『討厭』、不想這麼做的事去做。」

「什麼叫做『有用但不想這麼做』？」

「你現在之所以沒有錢，是過去的思維和選擇、行動所造成的，所以就算後悔也無事於補。

比起後悔，你應該改變接下來的思維、選擇和行動。

最重要的就是刻意改變之前下意識的選擇。」

「什麼意思？」

「舉例來說，之前我一直很希望可以見到羅勃特．清崎，也就是《富爸爸，窮爸爸》這本世界暢銷書的作者。後來他有個活動在尋求贊助商，我雖然不知道自己適不適合，但還是鼓起勇氣去做了。

不過，當我終於有機會可以見到他本人的時候，我卻告訴自己『還是算了，一來完全無法想像要跟他說什麼，再說我根本不敢和他見面』。

和偶像見面這種事對膽小的我來說，實在太緊張了，我甚至想逃離現場。

只是由於我做事的原則向來都是『選擇討厭，但是會讓自己成長的事去做』，所以雖然心裡抗拒、害怕，我還是告訴自己『既然討厭，就去做吧』。

因為這樣，最後我真的見到他了。

對你來說，現在有什麼事情是『知道做了對人生有幫助，可是遲遲沒有採取行動、感到抗拒』的嗎？」

「對人生有幫助，可是沒有採取行動的事嗎……」

務想起自己的家人。

那個關係降至冰點的家。

雖然覺得自己在家裡找不到任何存在的意義，但這也是自己一手造成的。

這一點他無以反駁。

（因為不想面對，所以一直裝作沒看見。）

務緊閉雙唇，不發一語。

「可是，事到如今我該怎麼做呢？」

務一臉無助地問。

「就去做你一直抗拒的吧。

雖然害怕而不敢付諸行動，『不過既然做了有助於改善情況』，那麼就試試看吧，即便只是微不足道的小事。」

幾天之後，發生了一件事。

讓在學校和同學打架，導致對方受了傷。

務一下班回到家，就聽見廚房傳來敬子的責罵聲。

「你為什麼把同學打到受傷了！」

務拉開門走進客廳，看見讓靜靜地站著被罵，就像平時闖禍了一樣。

他看見讓的手指頭輕輕地動了四下。

看起來就像在說：「快．救．救．我！」

以前遇到這種情況，務可能會裝作沒看見，默默地坐在客廳看報紙，或是乾脆躲回房間裡，什麼都不過問。不過今天，他想起小谷說的話。

（去做你不想做的事。去做你不想做的事。

去做那些你不想做，但是做了可以改善情況的事……）

「讓……」

務喊了一聲。

讓嚇了一跳，抬頭看了看務，隨即又低下頭去。

應該是覺得務也生氣了吧。

沒想到，務先是深呼吸一口氣，然後平靜地說：

「讓，你為什麼要打同學？」

「什麼？」

讓驚訝地抬起頭來，一旁的敬子也不可置信地看著他。

務看著讓，又再問了一次：

「你不會無緣無故亂打人，對吧？

一定有什麼理由吧？」

一時間三人一片靜默。

讓緊握著拳頭，挺起身子勇敢地說：

「我……因為我很難過！他們都不聽我說話，讓我很難過！」

「竟然因為這種理由就打同學——」務立刻打斷敬子的話，揮揮手要她

「等等！」。

「原來是這樣。你很難過是吧？我知道了。」

務明白地點了點頭。

就這樣。

完全沒有大發雷霆。

說完之後，務靜靜地坐下來看報紙。就像平常一樣。

接下來就和平常沒什麼兩樣。

讓看到爸爸的反應之後，一句話也沒有說，轉身上樓回到自己的房間。

敬子洗完碗之後，端了杯熱茶放在餐桌上。

讓瞄了一眼說：

「謝謝。」

「……嗯。」

這簡短的對話，讓務莫名地感到溫暖。

夜裡，務躺在床上，兒子的話一直在腦海裡揮之不去。

「因為大家都不聽我說話，讓我很難過。」

（是啊，一直以來都沒有好好聽他說話的人，不就是我自己嗎？

逃避面對這個家、面對自己的人，也是我自己。

這不只是他的心聲，也是我的心聲。

我希望有人可以聽聽我的痛苦，

可是我卻把自己關在自己的世界裡，

拋下一起生活的家人不管。）

務將頭埋進棉被裡，壓低聲音默默地流下淚來。

因為他終於意識到，自己一直在逃避面對眼前的現實。

作者的財富分享 7

正因為不想做，所以更要去做

過去負責跑業務的我，曾經有一次被外商保險公司相中，想挖角我到他們公司工作。

對方跟我接洽的那個人，年收入竟然高達三億圓，在保險業中屬於最頂端的超級業務員。

後來由於我對保險業沒有興趣，婉拒了對方的挖角。不過，當時我問了一個問題：

「請問，要怎麼做才能像你一樣如此成功？」

這時候，對方給我看了他的薪資明細，告訴我：

「選擇不想做的去做就對了。你就能跟我一樣成功。」

我不懂他的意思。於是他說，他告訴自己，如果覺得「今天不想再拜訪客戶了」，就一定要再打最後一通電話。

最後他建議我：

「如果一下子就要每一次都選擇不想做的去做，壓力也會很大，所以一開始只要三次挑一次去嘗試就行了。」

話是這麼說，但是很多人一定會說「選擇不想做的去做，一定不會有好的結果啊」。不過，這其中其實有一定的標準。

我也是嘗試之後才體會到的，所謂「選擇不想做的事」，判斷的標準就是「雖然覺得對自己應該會有幫助，但就是不想做」。

舉例來說，「有機會可以和崇拜的人見面，但是卻不想去，因為實在不敢跟對方說話。」這種時候就一定要去。又例如「雖然知道只要再稍微努力一下，一定會成功，但實在很想放棄」。這種時候只要再一次、再五分鐘就好，一定要繼續堅持下去。

可以從小事情開始練習。假設各位現在感受不到幸福，或是覺得錢不夠用，這時候一定要做的事，就是採取有別於過去的行動。

原因很簡單。

因為過去的行動，只會造就出現在的你。

假設現在的你過得並不如意，就必須採取和過去不一樣的行動。所謂和過去不一樣，指的多半就是過去自己沒有選擇的那些「不想做的事」。

人都希望保持慣有的行動和思維。

對於新的做法，或是可以改變自己的行為，通常會感到害怕而下意識地選擇逃避。

只要繼續過去的做法，永遠不可能打破現狀。

光是用想的，是無法改變現狀的。

正因為如此，

所以要試著去做自己不想做的事。

選擇「害怕」、「抗拒」的去做，用不同於過去的做法，重新拿回自己人生的掌控權，一步步改變人生。

為什麼賺不到錢？

最大的原因就在於自己的思維。

必須先意識到眼前的現狀，全都是自己一手造成的。眼前一直逃避面對的現實，雖然感覺要比實際上來得更可怕，不過當選擇正面迎接問題之後，很多時候會發現，其實並沒有想像中恐怖。

因此，當你鼓起一點勇氣，決定去面對、不再逃避的時候，甚至是實際採取行動之後，一切都會開始改變。

我很認同心理學上的一個說法：「自己身邊的一切都是反映自己的鏡子。」

務因為覺得自己很沒有用，對讓的情況無能為力，所以選擇對他關上耳朵，保持距離。

結果導致自己在家裡漸漸失去存在的意義。

造就出現實的人是自己。自己的處境，就像是一面鏡子，反映出自我內心的狀態。讓所感受到的無助，其實就是務心裡的無助，具體呈現出感覺在家裡失去意義的務最真實的內心。

勇氣與財富的法則

7

假如不滿意現狀，
就嘗試去做一直以來逃避的，
「對自己有幫助、但不太想做的事」吧。

VIII 結果與目標

從此以後，務隨時都會提醒自己盡量「做出和過去的自己相反的選擇」。早上走不一樣的路到車站，提早一個小時起床出門，搭乘空曠的電車上班，避開過去每天擠電車通勤的時間。或是利用週末，上圖書館找過去一直不懂，卻從來不去瞭解的理財書來讀。

不知不覺中，他回想起過去那個積極進取的自己，心裡很開心。

除此之外，透過專注在「過去沒有做的事」，他發現自己之前刻意和家人保持距離，而且還無視於敬子也是個職業婦女，一股腦兒地把家裡所有的事全部丟給她去煩惱。

「想不到選擇過去沒有做的事去做，竟然也需要這麼多勇氣。只不過，做了之後才發現原來這麼有趣，開啟了自己的視野。原來自己以前都是過著空有煩惱、卻拒絕改變的生活。」

一個月後，務又來到小谷的家拜訪。他不好意思地抓著頭說道。

「大家都是這樣啊。挑戰新的事物就算是再小的事，也都需要勇氣，而且只要鼓起勇氣去做，就連身邊的人也會被嚇到。」

「沒錯，真的是這樣。我只不過是打掃一下玄關，吃完飯後把碗盤收到水槽而已，敬子就驚訝得像是看到什麼一樣，害我不好意思到連看她都不敢。只是，這也讓我明白自己過去有多麼抗拒承認自己在這個家的重要性。

現在我也漸漸比較能面對兒子了……

說是這麼說，其實也不過只是會聽他聊聊對建築的興趣罷了。另外就是跟他一起泡澡、提早一個小時起床上班，利用搭電車的時間看看書。光是這些，就讓我感覺人生變得不一樣了。」

「這就是勇氣帶來的禮物。」

「說勇氣有點太誇張了，不過我倒是針對理財做了一些瞭解，當然也包括羅勃特．清崎的書。以前我雖然認為投資是一種賭博的行為，但其實對於評估風險想辦法賺錢這件事本身，好像沒有那麼討厭，至少比夢想中樂透有建設性多了。我覺得我根本就是『窮爸爸』，想到連我自己都笑了。」

「那麼，你現在對投資客應該比較不會那麼疑心病了吧？」

小谷開玩笑說。沒想到務一臉認真地回答：

「是啊。別的不說，光是知道原來上班族也可以投資房地產，就讓我夠驚訝了。」

「沒錯。因為在日本，其實上班族是最值得信賴的職業。我覺得就某種意義來說，根本是最強的工作。我在二十幾歲的時候之所以選擇從房地產開始投資，也是因為上班族的身分具備信用，可以讓我向銀行借到錢。」

「我們一般人的印象，貸款買房子一輩子也就一次，當然會考量到自己能夠多快還清貸款。沒想到現在的利息幾乎等於零，真是不敢相信。」

「所以我都會建議來找我提供建議的人，如果要投資房地產，就算手邊有存款，也一定要貸款來買。

只要用心找，市中心的物件價格幾乎都不會跌太多，也很少會賣不出去。

而且以貸款來說，萬一不幸去世，假如貸款已經還清，接下來就可以收房租了，這麼一來家人不僅不用背負貸款，還可以有收入。

換言之，老婆和孩子就可以繼續靠著房租收入來維持生活。」

「我現在真的覺得很不可思議，為什麼自己之前會那麼討厭投資呢？」

「應該是因為房地產會讓人想到泡沫經濟，投資會讓人聯想到玩股票失敗吧。」「話雖如此，其實我也還沒準備好真的要這麼做。」

「不要緊，面對沒有嘗試過的事，每個人都需要勇氣才有辦法踏出第一步。既然這樣，我想請你再做一件事。」

「什麼事？」

「這件事很多書裡頭都會提到，我自己也會這麼做。

那就是，我想請你把你希望得到的結果和目標寫下來。

包括你覺得在多久的時間內賺到多少錢，才有辦法讓家人過幸福的日子？

要想達到這個結果，必須訂下什麼目標？

既然你以前曾經以職業高爾夫球選手為目標努力過，我想這件事對你來說應該很簡單才對。」

那一天在回家的途中，務又來到「SUZUKAGE」。他坐在老位置，打開筆記本，準備進行小谷給他的功課。

那天，店裡罕見地只有務一個客人，耳邊只剩下爵士樂的曲聲輕輕地傳來。

（結果和目標……）

務雙手抱著胸不停地思索。就在這時候，從櫃檯飄來一陣藍山咖啡的香氣。

循著咖啡香看過去，一個和老闆長得非常像的年輕人正在沖泡咖啡，老闆則在一旁認真地看著他的動作。

（原來老闆有兒子啊。）

過了一會兒，老闆端來了務的咖啡。

「這是您的藍山。」

「謝謝。那是你兒子嗎？」務問。

「對啊。」

「在培養接班人喔。」

「沒有啦。我好不容易栽培他去念大學，要他去做自己喜歡的事，沒想到他好像對開咖啡店也有興趣，所以就……」

老闆說得一臉不好意思的樣子。

「是這樣啊。你一面開咖啡店，還要賺錢給兒子念大學，很厲害耶！」

「謝謝。很多人都羨慕我有自己的咖啡店，不過老實說，要養家，還要讓孩子念書，靠咖啡店撐下去真的很辛苦。」

老闆停頓了一下，看了看櫃檯裡的兒子，接著又繼續說：

「其實跟他想做哪種行業或是想做什麼都沒有關係。到頭來最重要的只有一點，就是考慮清楚自己想過什麼樣的人生，以此去設定計畫，然後付諸實行。

我就告訴自己，就算是開咖啡店，靠最喜歡的咖啡賺錢，也要讓孩子念大學，帶老婆出國旅行。

所以就這麼做了。」

老闆笑了笑。

「這樣很厲害耶！

你是怎麼辦到的？」

「很簡單啊。

就是根據自己的生活方式設定要賺多少錢，再考慮要怎麼達到這個目標。以我來說，如果只靠這家小店，一定沒有辦法維持生活，所以我開始向外發展。

我對自己烘焙的豆子很有信心，所以就帶著去向餐廳提案，賣豆子給他們，甚至教他們如何沖泡咖啡。另外我也把豆子放到網路上去賣。」

「原來如此，你沒有把自己局限在咖啡店裡，而是向外去拓展更大的市場。如果你只是守著過去咖啡店『該做的』，一定不會有今天的結果。」

「現在我兒子似乎也對我的這種做法感興趣，這讓我覺得自己的生活態度好像受到肯定，還滿開心的。」

老闆的話給了務很大的鼓舞。

眼前這杯藍山咖啡，香氣比過去更深奧了。

他重新面對筆記本，開始寫下自己的目標。

寫完之後，他喝了口咖啡，滋味格外美味。

務靠在沙發上，看著櫃檯裡的老闆正在教兒子沖泡咖啡。「我是不是也能像他一樣，成為一個可以為兒子示範生活態度的父親呢？」他在心裡這麼問自己。

〈最後希望得到的結果〉

- 年收入三千萬以上
- 還清房貸
- 帶妻子出國旅行
- 讓讓出國留學
- 還清父親的債務，將他接到住家附近的安養中心就近照顧
- 開一家高爾夫球俱樂部

〈實現夢想的今年目標〉

- 一個月內決定增加收入的方法
- 透過決定的方法，在年底之前為每個月增加十萬圓的收入
- 改善和家人之間的關係

作者的財富分享 8

決定結果、寫下來之後，朝著目標去行動

決定結果，寫下來，然後採取行動。

這是許多自我啟發和成功法則類書籍中經常會出現的手法，也是我多年以來一直在做的方法。

因為，這麼做的確有效，會給自己帶來源源不絕的財富。

哈佛大學曾經針對畢業生做過一項「人類行動程度」的調查，最後根據數據結果，提出「3：10：60：27法則」。

這項法則是根據成功者和沒有成功的人的思考和行動模式，做程度上的分類。假設一百個人當中，真正成功的人有幾個？答案是：設定具體目標，最後交出成果的，只有三個人。

沒有設定明確目標，不過同樣花了很長的時間採取行動，最後交出成果的

人共有十個。

另外六十個人雖然勉強能夠維持生活，不過和務一樣對未來充滿擔憂，即使嘗試改變，也會因為中途挫折而放棄。

最後的二十七個人則是空有不安和抱怨，卻毫無行動的人。

這個結果就跟我在投資座談會上所做的調查一致，所以我一直在思考，有沒有什麼辦法可以改變這個比例？

那些3％的成功者，靠的是設定具體結果及階段性的目標，然後擬定達成目標的計畫，再根據計畫每天去執行。

換個角度來說，如果可以在正確的人的帶領下，學習瞭解風險，持續錯誤嘗試，賺到錢的機率幾乎將近百分之百。

這個方法每個人都知道，可是真正會去做的只有少數。只要能夠做到這一點，財富自然會源源不絕而來。

所以，寫下「有錢之後可以做的事」之後，要做的只有一件事。

就是付諸行動。

很多「夢想致富」的人也許都會把夢想寫下來，但是毫無行動。與其說這就像把夢想寫在祈願紙上祈求神明，其實很多人幾乎都是抱著「反正不會實現」的心態在作夢。

相反的，我身邊那些年收入破億的人，他們寫下夢想之後，都會思考「如何實現夢想」，並且實際採取行動。

曾經有一位二十幾歲的男性上班族來找我尋求意見，他寫了一百多件有錢之後想做的事。我發現要實現這些所有夢想，竟然需要多達四十億圓。這個金額遠比「中樂透」要來得更大，不過接下來他做的，是「思考如何實現這個夢想且付諸行動」。

經過短短幾年之後，如今他的年收入高達數千萬圓，而且當初寫下的那些夢想，也正一個一個慢慢實現當中。現在的他，比以前更懂得如何賺錢，一開始的戰戰兢兢，如今已然變得樂在其中，對錢的看法也相當正面。

羅勃特・清崎曾說過這麼一句話：

「一旦選擇致富，就必須學習全新的遊戲規則。這時候需要的是截然不同的思維和財商。」

陷入錢不夠用的困境，其實就是搞不懂賺錢的方法，長久下來於是導致如今的困境。要想打破這個現狀，就需要學習全新的方法，以及實際的行動。

話雖如此，一下子就要嘗試投資，難度的確太高。那麼，要怎麼做才能開始為賺錢行動呢？答案就是，先在生活中採取不同於過去的行動，即便只是微不足道的小事。從慢慢習慣為生活帶來新的改變開始嘗試就行了。

勇氣與財富的法則

8

勇敢寫下內心真正的目標，
接著為達成持續採取行動。
如此一來就能成為那成功的3％。

IX 改變標準

「我現在覺得好像活出自己的人生了。」

再次見到小谷的時候，務這麼說。

對他來說，小谷住的公寓大廳旁的咖啡廳，成了他描繪未來的地方。

「當然，我現在什麼都還沒有做，情況也沒有改善。可是我總覺得好像又找回過去那個努力想通過考試，成為職業高爾夫球選手的自己。」

「是嗎？那真是太好了。這就表示你已經回想起自己過去的成就感了。」

「是成就感嗎……可能是吧。人生的重大挫折，已經讓我忘記自己以前曾經有過那麼多成功的經驗。」

「這是因為成就感這種東西，一旦喪失如孩童般單純的心靈，就再也感受不到了。接受挑戰，失敗了，再繼續嘗試。這種單純的心靈，是大人內心世界的後盾，會帶領自己一步一步實現目標。這是一種每個人都知道的感覺，就算只是成功堆出一座沙堡，也會有這種感覺，就像學會翻單槓，或是學會騎腳踏車一樣。只不過……」

「只不過出了社會之後，這種感覺很奇妙地就會消失不見，對吧？」

務笑著替他把話說完。

小谷說：

「其實我覺得，可以靠自己達成任何事情的大人，或許才擁有實現夢想的能力。」

「大人嗎？」

「是啊。試試看把出社會之後就變得不一樣的那個內心的渺小標準，換成跟小時候一樣覺得什麼都可能實現的標準吧。也就是把任意往自己身上套的『我能賺多少錢』的框架，暫且都全部拋開。先想想自己有多少勇氣，再根據這些去想要怎麼賺錢，這或許也是一種不錯的做法。」

「你是指勇氣的多寡，會影響賺錢的方法嗎？」

「舉例來說，我通常會讓客戶看這個圖表。」

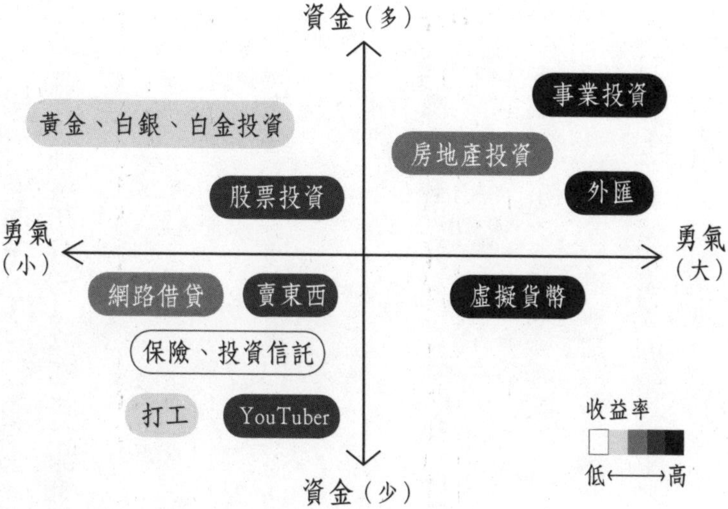

務接過小谷手中的圖表，看得頻頻點頭。

「感覺就像是根據自己的勇氣做決定，對吧？」

「沒錯。要想增加收入、過著衣食無缺的人生，勢必要先改善生活。方法有很多，以我來說，我會針對投資方法提供給客戶這樣一個圖表。其他還有像是在工作上求發展的方法，例如挑戰國考以轉換跑道，或是創業等。不管選擇哪一種方法，都要配合自己的個性和資金，還有時間和勇氣。而且絕對嚴禁說『事到如今』這種話。」

（資金、時間和勇氣……嚴禁說「事到如今」。）

務仔細地將小谷的話寫在自己的筆記本中。

當天回家路上，務順道來到「SUZUKAGE」。他坐在吧檯，主動向老闆提問：

「老闆，你有沒有曾經因為覺得『事到如今努力也沒有用』，而放棄去做的事？」

「事到如今？」

「嗯。我最近發現，這幾年我一直都告訴自己『事到如今也於事無補了』、『事到如今還能怎麼辦』。」

老闆想了想，淡淡地笑著說：

「『事到如今』這種話，指的都是過去的事了吧。

事到如今再去想過去的事也於事無補。

人對於過去的事，總是會覺得『事到如今都已經這樣了……』。

但是對於未來，都會告訴自己『從現在開始我要……』。」

老闆為務遞上一貫的藍山咖啡，「請用。」

「對於未來，會告訴自己『從現在開始我要』……」

務把今天小谷給他的資金和勇氣的圖表打開來看。

（從現在開始我可以為了賺錢做出的最大改變……）

提到增加收入，一般人最先想到的應該不是投資，而是考取資格證照，然後換工作。只不過，這個方法無法實現之前和小谷提到的開一家高爾夫球俱樂部的夢想。

務重新把思緒轉回眼前的圖表。上頭還寫著每一種方法各自的特色和分析。

（我在上市公司工作了二十年，年收入有五百萬圓以上，應該可以跟銀行借到錢吧。如果真的沒辦法，還可以用房子去抵押貸款。投資房地產說不定真的可以改善我現在的生活。）

務開始萌生這樣的念頭。

手法	資金	勇氣	收益率	優點	缺點
外匯	4	5	5	透過運用槓桿，有可能賺到一大筆錢。只要事先在進行外匯的帳戶裡存入資金，就能運用槓桿（槓桿原理）進行國內證券公司帳戶內金額的 25 倍的交易，若是國外證券公司則有高達數百倍。也就是說，只要存入 10 萬圓到帳戶裡，就能進行 200 萬圓的交易，海外證券公司更可達到數千萬圓的交易，如此一來獲利也相當可觀。	需要本金。本金會有貶值的風險。一般人對外匯的印象大多不佳。除了可能獲利可觀以外，相反的也有可能損失慘重，資金管理於是相對重要。
商品販賣事業	3	3	4	也就是透過網路販賣商品。找到消費者需要的商品，加上利潤後販售。只要持續一定的銷售量，就能獲得穩定的獲利。也可以外包。可以實際體會消費者買到東西的喜悅，因此很容易會有「金錢象徵著感謝」的感覺。	需要花費一定的時間和作業。一般人的印象不太好。假使進貨商品銷路不好，就必須承擔庫存的風險。這時候如果以和進貨價差不多的價格賣掉，就不會有損失。以這一點來看，算是風險較低的買賣事業。
YouTuber	1	2	4	只要持續做下去，就能獲得穩定的獲利。也可以外包。可以用較少的預算開始嘗試。可向在 YouTube 下廣告的贊助商收取廣告收入。金額有多有少，大概是影片的點閱數 x0.1 圓左右。上傳愈多受歡迎的影片，收入就能增加。人氣 YouTuber 的年收入大約都是從數千萬圓至上億圓。	需要作業。影片必須達到一定的水準，否則很能獲利。
虛擬貨幣	3	4	5	很容易就能賺大錢，沒有時間限制。	一般人的印象還停留在負面評價。本金會有貶值的風險，另外也可能遭駭客攻擊，還必須承擔稅金的風險。
網路借貸	3	2	3	在網路上將想借錢的人或企業，與想投資的一方做連結的服務。在一定的時間後，再連同本金加利息全部償還。風險較低，比起投資信託投資報酬率較高，幾乎沒有時間限制。	多少會有賠光本金的風險。
投資事業	5	5	5	指出錢投資有前景的企業或事業，每個月領紅利，或是獲取分配到的獲利。順利的話可以賺大錢。例如向販賣商品的企業投資 300 萬圓，每個月獲得 3%（=9 萬圓）之類的意思。	很難詳細調查投資標的。投資時必須假定會有賠光本金的風險。

手法	資金	勇氣	收益率	優點	缺點
壽險	2	1	2	可透過壽險、醫療險等獲得對將來的安心。只不過，只要趁年輕加入都民共濟或縣民共濟，就能每個月以較少的支出，獲得最低限度的保障。另外，只要投資房地產，銀行就會提供團體信用生命保險，因此比起壽險可先選擇醫療險，還能降低保險成本。女性另有女性特約條款的醫療險。	保險費需要長期定期繳交一定的金額，因此會讓人感覺存不到錢。另外從利率的角度來看，雖然保險可以存到錢，但是很難作為一種增加財富的手段。
投資信託	2	1	1	也有保證本金的商品，感覺就像儲蓄一樣，很容易入門。可以用較少的金額開始嘗試，作為運用資金的練習，因此非常推薦給剛接觸投資的人。只不過除此之外不會有更進一步的收穫。	幾乎沒有任何風險，投資報酬率也幾乎等於零，因此不太會有資產暴增的可能。以賺錢來說效果不大，因此可能造成機會損失。
打工	1	1	2	投入時間做得愈多，收入也愈多。白天當上班族，晚上在倉庫做大夜班的人意外地非常多。	多屬於勞力密集型產業，沒有做就沒有收入，能增加的收入有限。另外，若是正職企業要求繳交個人編號並禁止打工，便無法進行。
投資黃金、白銀、白金	5	2	2	可作為資產，是非常可靠、安心的投資。適合中長期的投資。受貨幣的影響也較少，可達到守護資產的效果。最大的優點就是這些都是全世界通用的資產，不管日本景氣如何，或是中美關係如何，完全不會受到國際風險的影響。但也並不保證價格一定上漲，有時候也會下跌。只不過不太可能完全失去價值，是行情相當穩固的資產。	必須投入某種程度的資金，對於沒有資金的人來說很難開始。另外，每年的獲利也有限。
投資房地產	4	3	3	每個月可收取固定的房租收入。任職於企業的上班族很容易通過銀行的信用審查，因此門檻不高。只要透過外包管理直接抽成，就能輕鬆賺大錢。	必須承擔貸款、空屋、修繕、天災等風險，另外挑選物件一定要格外謹慎細心。必須是擁有一定收入和信用的人才能嘗試。
投資股票	4	3	4	透過賣出賺取獲利。可獲得分紅及股東優惠。沒有時間限制，但必須具備本金。	需要本金，且會有貶值的風險，因此不適合新手投資客。最好是用多餘的錢來投資。

作者的財富分享

9

拿出改善生活、實現夢想的勇氣

各位當初為什麼選擇現在的工作？

「因為這是我一直想做的工作。」

「因為來參加面試，然後被錄取了。」

每個人決定工作的理由或許不同，但是背後一定都有某種選擇。就連「沒得選擇」的人，也一定有某些標準，包括根據自己的個性挑選工作，例如「只要不是勞力方面的工作就好」、「我不適合行政方面的工作」。或者像是「最好是知名的大企業」、「就算只是沾到一點邊，最好是跟自己想做的事有關的工作」等。

如果想增加收入、改變人生，建議這時候可以針對自己的個性進行瞭解，也就是面試工作時都會做的性格分析。這時候的性格分析，最重要的不是知道「自己適合什麼工作」，而是要把重點擺在「如何賺到需要的錢，讓自己可以做開心的事」。

另一個重點是，不要去想「事到如今……」，而是思考「從現在開始……」。根據自己的個性和資質，認真思考「從現在開始要用什麼方法」賺到錢，支持自己做想做的事，過幸福的人生，直到離開人世為止。

我自己過去也一直深陷在「事到如今，我要怎麼做才能改變人生？」的煩惱中，所以我很清楚「事到如今」的念頭，會讓人一直把焦點放在過去，不斷否定、責怪自己從過去到現在的生活態度，阻礙自己嘗試不同的路。

透過自身的體會，以及多年來的諮商經驗，我可以肯定一件事就是，人生永遠不可能回到原點重新開始，只有「從當下這一刻做出選擇」，才有辦法改變人生。正因為如此，所以我們應該問自己目前的現狀是什麼，和自己討論「從現在開始該怎麼做」，然後採取行動。

不是「重來」，而是「從現在開始做出選擇」。從這個角度去思考和行動，過去的經驗就會變成參考，提供你做出正確的選擇。

9

採取行動的時候，
和財富沒有緣的人會說：
「事到如今……」
受財神眷顧的人則會說：
「從現在開始！」

X「船員」的信賴

務決定要嘗試投資房地產了。

上班族的身分可以順利跟銀行貸到款，房貸就以房租收入來支付。比起其他投資，這種方式感覺最適合自己的個性。

而且就像小谷說的，等到房貸還清之後，房租收入可以彌補年金的不足。萬一在還清之前自己發生什麼意外，到時候就用保險金來償還貸款。

只不過，投資當然不可能完全沒有風險。

所以，他積極地參加房仲業者和投資客舉辦的各種座談會，學習如何挑選物件，並且除了房仲業者以外，他也針對成功的投資客所選擇的物件仔細地分析。

先做分析，接著採取行動。

就像以前以職業選手為目標時也是這種做法。如今一開始投入，感覺又找回鬥志了。一想到自己以前對房地產沒來由的排斥，就覺得不可思議。現在他已經明白了，投資就像追求夢想一樣，所有事情都有風險，只要仔細分析挑選，再採取行動就行了。

下定決心之後，接下來的難關，就是取得敬子的同意。

（敬子的個性踏實，會同意我投資房地產嗎……）

另外，小谷也給了他另一項功課：「把你在網路上拍賣東西賺到的錢，用來買禮物送給太太和兒子。」

務已經好幾年沒有送禮物給敬子了，就連兒子的生日禮物和聖誕節禮物，也都是丟給她在打理，甚至生日當天自己就刻意加班不回家，避免尷尬的氣氛。

（我過去真的太不關心他們了。我決定了！從現在開始我要盡我所能地去做！）

務在心裡暗自決定。

「只是，到底要送什麼好呢？」

務坐在公園裡苦惱地想著。

要是買太昂貴的東西，以目前家裡的財務狀況，敬子一定會起疑心。

「我們家沒有錢買這種東西吧？」

他想起敬子常對讓說的話。

突然間，他注意到公園裡的花圃。

象徵春天的三色堇正綻放盛開著。

敬子從以前就很喜歡花。

當初剛結婚時住在公寓，她也在陽台種滿各種的花。後來打算搬到郊外的時候，她堅持房子一定要有院子。雖然後來勉強才湊出錢買下離車站有段距離的中古小平房，不過務想到以前每到春天，院子裡總是會開滿三色堇。

（現在院子都長滿雜草了吧。）

敬子為了照顧兒子，在時間和心靈上都失去自由，從那時候開始，她就不再種花了。

「不知道哪裡可以買得到三色堇的幼苗？」

務拿起手機開始搜尋賣花苗的店家。

幾天之後的週日夜晚。

「這個，拿去種在院子裡吧。」

等到讓睡著之後，務拿出從家具百貨買來的三色堇幼苗，擺在餐桌的椅腳邊。

敬子直盯著花苗看，一句話也沒有說。

看著她的反應，務拿出一個信封擺在桌上，裡頭裝的是拍賣球桿賺到的五萬圓。

「其實，我在一個月前把球桿賣掉了。我想跟你討論這個家接下來該怎麼辦。」務在餐桌前坐了下來，要敬子也坐在他的對面。

「……」

敬子臉上閃過一絲疑惑，不過還是靜靜坐下來。眼神從頭到尾都沒有看向務。

「她可能會覺得事到如今還說什麼討論吧……」

務對自己一直以來都把家裡的事丟給敬子感到十分內疚，也很怕會受到敬子的責難。

在一陣緊繃的氣氛中，他鼓起全部的勇氣開口：「其實……」

接下來，他把這兩個月以來思考過的事、見過的人、對財務的不安和責任感，以及拍賣球桿的事一一娓娓道來。

敬子從頭到尾不發一語。

「因為這樣，所以我想開始試著投資房地產。」

就在這個時候，

敬子突然潰堤般地哭了出來。

「怎、怎麼了？！」

她哭得一發不可收拾，像個小女孩似的放聲大哭，讓務看得不知如何是好。

（雖然有想過她可能會反對，

可是沒想到我竟然讓她這麼痛苦。）

對於眼前沒有預料到的反應，務也不知道該怎麼辦，只能先等她的情緒緩和下來再說。過了一會兒，敬子終於平靜下來了。務先開口說：

「對不起……突然跟你說這些。我又搞砸了……」

「不是的！不是那樣的！」

敬子的聲音大到蓋過務的話。

「你……」

務變得更加一頭霧水了，不知道要說什麼。

敬子輕輕擦去臉上的淚水，對著務說：

「謝謝你。」

「你說什麼？！」

務已經完全不知道發生什麼事了。

（到底是怎樣？）

敬子笑著說：

「我以為你對這個家已經不再關心了。」

她開始說出自己的心聲。

「讓的事，讓我覺得你一直在責怪我。

每一次他闖禍，我都覺得你在怪我沒有教好他。

加上你在家裡變得完全不講話……我以為我們兩個會就這樣從此再也不說話了。」

「敬子……」

務一句話也說不出來。原本以為受到責難的人是自己，難過在家裡沒有存在意義的人，也只有自己。現在他才知道，原來敬子也承受著同樣的痛苦，覺得自己在家裡失去存在的意義。

一直以來都覺得自己在家裡沒有存在的意義。

沒有想到，敬子也有同樣的感受。

這麼說，難道讓也是嗎？

(接下來我到底該怎麼辦……)

「對不起,我只想到我自己。」

務重新向她道歉。兩人面對面哭了好一會兒。

接下來,兩人開啟了久違的對話。

像是同一艘船上的夥伴,針對今後該如何重整財務、面對讓的問題,一一仔細地討論。

最後決定家裡的開支就由兩人共同來管理。

至於投資房地產的事,敬子的答案是:

「我比誰都清楚那支球桿對你有多重要。

如今你為了這個家把它賣掉,我對你當然是完全的信任。

所以,我們一起努力吧。之前真的很抱歉。」

「別這麼說,我才應該跟你說抱歉。我以為只要每個月把薪水交給你就行了,這樣就算盡到當老公的責任。

還有，我父親的事，害你過得這麼辛苦，我也很愧疚。可是我卻只會逃避，一味地告訴自己『反正我有盡到養家的責任』。我根本只想到自己，完全沒有關心你們。接下來就讓我們三個一起努力吧。」

兩人都為自己造成對方的痛苦感到自責，彼此道歉。

聽到務這麼說，敬子又不禁流下眼淚，但是很快地就破涕為笑：

「務，感覺你現在又變得像以前立志成為職業選手的時候一樣可靠了，那個我曾經愛過的人。」

務已經很久沒有聽到敬子叫他的名字了。

重拾敬子的信任，讓他覺得充滿鬥志。

晚上睡覺的時候，感覺著身旁的敬子，務的內心踏實了許多。

（我們還是一家人，

而且是一起搭乘一艘船的夥伴。

我差點就毀了這艘船，

但是我們的船沒有沉沒。

現在，我們又可以朝著同樣的目標前進了。）

「謝謝你。」

務向敬子說。

他感覺內心湧現一股勇氣。

作者的財富分享 10

面對問題，採取行動之後，一切都會改變

務審視自己的內心，發現心靈已然是一片荒蕪。他真心希望可以恢復這片心靈花園過去的美麗，於是開始採取行動。

缺乏修整的花園，就算撒下「金錢的種子」，也難以順利生長。種下再多花的種子，也勝不過滿地叢生的雜草，即便是已經萌芽的花，最後也會逐漸枯死。

市面上關於理財的書比比皆是，然而，**真正賺錢的方法，其實沒有什麼具體的技巧**。

有些人希望自己可以中樂透，抱著幾乎不可能實現的夢想，荒廢了自己內心的花園。

採取行動，靠自己改變人生。

一開始或許很難。

但是，如果希望人生過著不必為錢煩惱的富裕生活，現在就必須鼓起小小

的勇氣，踏出小小的第一步。各位是不是也有這種經驗？雖然在做之前心裡很害怕，不過付諸行動之後卻發現，其實並沒有多可怕。

舉例來說，大家小時候第一次自己搭電車，一定都很緊張吧？當自己辦到之後，心裡應該都格外興奮，同時也鬆了一口氣，因為「一切意外地順利」。

這個世界比你想像的更安全。

一直以來我都告訴自己：「我的個性膽小，不過我所擔心的事有99％都不會發生。」

我跟許多前來尋求建議的人都會這麼說。這也是我經過多年經驗實際感受到的數據。就以金錢來說，光是出生在日本這一點就已經很幸運了，因為在這個國家，幾乎沒有人會窮到橫死街頭。

這一點大家一定要先有認知。

善用各種制度，絕對可以保證最低限度的生活。

只要想到這裡就會知道，踏出第一步採取行動，擺脫「早知道老後退休金一定不夠用」的目前的生活，其實也沒有什麼好害怕的。

10

一開始起步總會覺得眼前的路漫長又痛苦，
同樣的路，回程時會感覺輕鬆又快速。
對於出生在日本的各位而言，
世界遠遠比你想像的更安全。

XI 父親的記憶

自從和敬子談過之後，務就明顯變得不一樣了。

首先，他避開擁擠的尖峰時間，每天利用搭電車通勤的時候，開始讀一些投資房地產的相關資料。只要哪裡有為投資客舉辦的座談會，他都會積極參加。針對座談會上的內容若是有疑問，也會先自己分析，然後找小谷討論，而不是照單全收。到了假日，他就依照小谷的建議，靠自己積極地到處尋找物件。

這讓他也開始對建築產生興趣，連帶地跟讓之間也有了共同的話題。這時他才發現，讓擁有相當豐富的建築知識，讓他相當驚喜。

三個月過後，務找到了一個物件，是間套房。而且就連小谷也覺得這個物件風險低，是個安全的好選擇，肯定他的努力。

物件雖然不大，不過有個半個人高的寬敞夾層，有點像是樓中樓的感覺。而且地點位於市中心，交通方便，又是值得誇耀的好地段，加上才剛蓋好沒幾年，換成自己是剛踏入社會的新鮮人，肯定也會想住在這樣的房子。

最後讓務做出決定的關鍵是，他想到「等到讓長大出社會以後，如果能住在這裡，自己也會比較放心，而且感覺這間套房還滿值得投資的」。

但是話說回來，投資必須自己承擔風險。

簽約的那一天，務和敬子為了踏出全新人生的第一步，兩人一同鼓起勇氣蓋下印章。不過老實說，務的手不停地在顫抖，緊張到連印章都沒蓋好，還重新蓋了三次。等到蓋完印章、確定成功踏出第一步之後，心裡感覺十分踏實。

房子很快就租出去了，讓務鬆了一口氣。房租收入每個月有十二萬八千圓，扣掉還給銀行的九萬圓房貸費用，以及其他水電瓦斯和稅金之後，大約還剩下兩萬五千圓。對現在的鈴木家來說，這兩萬五千圓可是一筆相當可觀的收入。

不只如此，奇妙的是，開始靠副業增加收入之後，務對自己的工作也突然充滿幹勁，變得比以前更認真了。就連在公司遇到目代，也會忍不住揶揄他「呦！看起來很有精神嘛」。

敬子也變得更常陪伴務，讓他感受到「夫妻同心協力」的支持。除此之外，他也花更多時間跟讓相處、聊天。

務感覺自己又找回身為丈夫和父親的尊嚴與自信。

不過，另一方面他很清楚，自己的內心開始萌生一股莫名的不安。

「靠工作以外的方法賺錢和花錢，感覺有種罪惡感。」

和小谷見面時，務老實說出自己的感覺。

「不知道為什麼，雖然現在對賺錢很積極，也樂在其中，但是心裡就是有一股不安、害怕的感覺揮之不去。」

「我懂，我以前也有那種感覺。」

小谷笑了笑，彷彿在說「不必想那麼多」。務覺得自己被說服了，他意外地問：

「你也是嗎？」

「是啊。一開始決定要投資的時候，根本擔心到睡不著覺，簽約時蓋章的手還抖個不停，得用另一隻手穩住才行。應該這麼說吧，包括許多我的客戶在內，日本人一般來說對於工作以外的賺錢方式，都會有罪惡感。就連現在賺錢賺得很開心的目代，以前也是如此。」

「他也是嗎？」

「當然。他直到現在都還會想起以前的事，直說那時候真的很害怕踏出第一步。每個人的金錢觀養成大多是家庭環境，而日本的家庭對於賺錢這件事，通常都會帶給孩子負面的觀念。」

「聽你這麼一說，的確我有印象以前大人常說『動不動就提到錢的人都很貪心』。」

「沒錯。因為從小下意識就不斷被灌輸這種觀念，所以長大之後對賺錢感到害怕、花錢花得有罪惡感，就某種意義上來說，也是很正常的反應。」

聽到這裡，務鬆了一口氣。

接下來小谷所說，是他以前從來沒有想過的。

「要改變對金錢的觀念，最快的方法就是找出它的根源，也就是瞭解自己為什麼會這麼想。」

「觀念的根源？」

「我覺得你對金錢的罪惡感，似乎象徵著指引你人生的內在觀念。順帶一問，請問你父親是個什麼樣的人？」

「什麼？我父親嗎……」

一提到父親，務頓時皺起了眉頭。沉默了一會兒之後，務開始慢慢說出關於父親的事。

「我父親……他現在因為認知症住在安養中心。安養中心的費用是一筆不小的支出……」

「原來是這樣啊。他以前是做什麼的呢？」

「他……他是個木工師傅。聽說我的爺爺經歷過戰爭，後來雖然幸運歸來，不過很早就去世了，全靠我奶奶一手把父親養大。

當時的單親媽媽，生活比現在更辛苦，更別說連給孩子上學的錢都沒有，所以父親國中畢業之後就直接去當木工學徒了。他拜師的對象是山口縣代代相傳的宮大工（譯註：專門建造、修復神社佛閣的木匠），所以後來會選擇做木工也是理所當然。

剛開始做木工賺錢的時候，父親還發下豪語說要讓奶奶過好日子，沒想到還沒做出一番事業，奶奶就去世了。

後來，父親娶了母親，接著獨立門戶創業。可是，在我小學的時候，有一次他從屋頂上摔下來，手腕受傷，從此之後手指就無法活動自如，木工的工作也沒辦法再繼續了……母親為了養我，只好兼了好幾份工作。

一開始，父親對自己沒有辦法工作養家感到很自責，後來卻開始酗酒，時常對母親施暴，最後甚至還沾上賭博。

後來，母親因為過度勞累病倒，在我考上大學之後，她就走了。

大學的時候，我就利用在高爾夫球俱樂部打工當教練，為自己賺取學費和生活費，最後順利畢業。畢業之後，我和父親就愈來愈疏遠了。」

「原來還有這麼一段故事啊，真是辛苦你了。」

「就是因為這樣，」

務突然提高聲音。

「因為這樣，當我知道父親罹患認知症的時候，老實說心裡只有憤怒。所以我請叔叔代為處理，安排父親住進安養中心，我只負責出錢。我找了各種理由，像是什麼『我們住得太遠了，如果他自己一個人住，我們照料不到』、『我們家太小，沒辦法接他過來一起住』之類的，不過其實我只是不想再見到他。

因為我無法原諒他對待母親的方式。

就連現在，為了幫他還債，還有安養中心的費用，導致我自己的家庭都快撐不下去，所以我實在無法原諒他。他一直糾纏著我，一直阻礙我的人生……」

務愈說愈激動。

靜靜聽完務的故事之後，小谷平靜地說：

「我不是心理諮商師，沒有辦法告訴你該怎麼做。只不過，你除了對你父親感到憤怒以外，是不是也很後悔自己沒有辦法讓母親過幸福的日子？」

「我母親嗎……？」

務不發一語。

或許真的是這樣也說不定。

母親去世之後，自己之所以再也沒有回家，除了因為不想見到父親以外，還有一個原因是，每次看到母親的遺照，就會忍不住為自己的無能感到自責。

這股揮之不去的無力感，還有對敬子和讓，都讓他感到焦躁不安。

其中最根本的原因，或許就是對母親的思念。

「你之所以覺得自己不應該賺錢，可能就是因為這個原因吧。不過，我覺得現在的你跟我們第一次見面的時候比起來，想法已經改變很多了。你現在已經很習慣面對過去逃避的事情，人生也開始好轉了。或許現在的你，已經可以回頭去面對你父親也說不定。」

那一晚，小谷的話一直在耳邊迴盪著。

一個月後，務站在父親的房門口一動也不動。

幾經考慮之後，他決定去見父親一面。可是現在卻站在病房外，遲遲無法推開那扇門走進去。

就在這個時候，門突然打開了，眼前出現坐在輪椅上的父親，以及推著輪椅的看護。

「務！你來啦？」

父親勝一臉驚喜，開心地小聲說。

務一直以來都有從叔父那裡多少聽到關於父親的狀況。

目前他的狀況還算輕微，意識清醒度時好時壞。

不知該說是幸運還是不幸，今天他似乎認得出務來。

「務？啊～你是他兒子嗎？

來得正好，我們現在剛好要去散步。

你就陪陪他吧。

今天他的狀況比較好，應該可以跟他聊聊天。」

看護邊說邊將輪椅交到務的手中。難以推托之下，務只好推著父親到中庭散步。從輪椅後方看著父親的背影，過去那個讓自己心生畏懼的父親，如今虛弱得彷彿另一個人，連頭髮也白了。

不曉得是不是因為看到務特別開心，勝低聲哼著歌。

這讓務心裡更加氣憤。

（不要以為你生病了，我就會原諒你過去做過的事。）

他心想。

務將輪椅推到中庭，自己坐在一旁的椅子上，一句話也沒有說。

不知道經過多久。

「我沒有錢。不管我怎麼做，錢就是不夠……」

勝喃喃自語地說。

「你說什麼？」

務提高音量反問。

「我沒有足夠的錢讓你們幸福。我沒有那個能力，也沒有錢。我……我只靠這雙受傷、沒有用的手……」

勝看著自己的雙手，又滿臉憂愁地望向天空。

淚水從他的眼角滑落。

務聽說認知症的症狀之一，就是會對金錢和食物特別在意。只不過父親現在的樣子，似乎是想起以前的事了。

看到父親流淚，務終於忍不住，氣得從椅子上跳起來。

「開什麼玩笑啊你！」

他再也按捺不住地大喊。

一直以來不斷壓抑的心情瞬間潰堤爆發。

「你沒有資格提到奶奶和媽媽！

說什麼因為受傷的關係，

還不是你把媽媽害死的！

全都是因為你！

因為你，我們大家都過得很痛苦，

都是你的錯！」

務的聲嘶怒吼嚇得勝不知作何反應，只能錯愕地看著他。

務跪哭在地，拳頭不停地捶打在地面，完全無視旁人驚恐的目光。

「發生什麼事了？」

安養院的員工聽到務的怒吼隨即趕來。務就這樣失聲抽泣了好一會兒，事件才告一段落。

「很抱歉剛剛造成一場混亂。」

在會客室裡，務向院長和員工說明方才大致的經過，並且坦然道歉。

「別這麼說，我們可以理解你的心情。辛苦你了。」

院長的眼神中透露出溫柔。

「其實，你父親在狀況好的時候，經常都會提到你。他總是說『他不像我，他是個聰明的孩子，將來我一定要讓他去念好大學』。我想，他一定也希望能夠讓你們過幸福的日子吧，就像你一樣。」

務頻頻搖頭，無法接受這番說法，最後只留下一句「他就拜託你們了」，便隨即離開，沒有再去見勝一面。

「我差一點也變得跟我父親一樣了。」

晚飯過後，務喝著敬子為他泡的茶，小聲地說。

「發生什麼事了？」

敬子也坐了下來，試探地看著他的表情。

務說出白天發生的事。

「是這樣啊……」

她不知道該怎麼安慰眼前的務。

自從畢業出社會之後，務就幾乎和父親斷了聯絡，結婚的時候自然也沒有通知他，更從來沒有帶敬子去見過他。

「對不起，因為這個你從來沒有見過的公公，害你過得這麼痛苦。」

務對敬子說。她輕輕地笑了笑。

「他原本要我別跟你說的……其實，我們結婚的時候，爸爸他有來參加我們的婚禮。」

敬子的話讓務嚇了一跳。

「怎麼可能，我沒有告訴他我要結婚啊……啊，是叔叔告訴他的吧。」

「對。那天他一直站在角落遠遠地看著我們。因為你們長得實在太像了，所以我知道那一定是他。知道他也來了，我心裡其實有點開心。」

敬子想起那段回憶，臉上露出微笑。她接著說：

「後來我找叔叔求證，他才很抱歉地說因為爸爸他實在很想見證我們的婚禮，所以才會瞞著我們告訴他。」

「原來有這麼一回事，我完全不知情。」

「我一直在等有一天可以向你坦承這一切。爸爸他很開心你終於結婚了，有了自己的家庭。他說，他自己沒有辦法給你們什麼，也沒有辦法讓你們過幸福的日子，不過他很開心你擁有自己的家人，擁有幸福。」

務不發一語。

（我沒有錢。）

他想起父親說的話。

「我爺爺是個嚴肅又固執的人，很早就去世了，只留下奶奶和父親。父親很努力想讓一手撫養自己長大的奶奶過幸福的日子，只是還沒有等到這一天，奶奶就離開人世了。

於是他把重心放在自己的家庭，努力要讓我們幸福。沒想到後來手受傷，再也無法工作。他一定覺得自己很沒有用吧。」

說著說著，務想到了自己。

自己過去一直看不起父親，因為他無法靠自己從困境中站起來，卻把一切怪罪給「受傷」和「自己的爸爸」，沉溺於酒精和賭博中，甚至對自己的老婆施暴。

父親這種覺得自己沒有用、卻不知如何改變的軟弱心情，其實自己也是一樣。

「我差點就變成和他一樣了，變成一個將一切怪罪給父親，無法給家人帶來幸福，軟弱、悲哀的男人。」

「可是你也和他一樣，很努力想讓最愛的家人幸福，不是嗎？你們父子倆對家人的愛，其實是一樣的。」

說完敬子笑了。

「一樣嗎……或許是吧。

我們個性都不堅強，害怕這個、擔心那個的，

遇到困難就沒有辦法自己站起來。」

務以前從來不曾想過父親當時的心情，不過，現在他可以慢慢理解了。

喝著手中已經冷掉的綠茶，務笑著說：

「說到這個，小時候他都會用剩餘的木料，做很多玩具給我。

現在讓的手那麼巧，說不定就是遺傳到他。」

想到這裡，務不禁開心了起來。

敬子也開心地笑了。

（改天再去看看他吧。哪一天也帶讓一起去好了。）

幾天之後，務來到小谷的公寓。

「是這樣啊。」

他將和父親見面的事，平靜地轉述給小谷聽。

務接著說：

「我想，我應該是因為從小看著父親的背影，所以才會討厭工匠，覺得當上班族才是最穩定、可以得到幸福的方法。

加上只要一想到因為工作把身體搞壞、最後不幸去世的母親，我就會覺得自己不能獨自擁有幸福。因為母親的事，還有無法保護她的罪惡感，導致我一直覺得自己沒有辦法讓女人擁有幸福。

這就是為什麼我一直認為家人不幸福是因為我不會賺錢，但是另一方面我又對賺錢抱有罪惡感。賺錢和擁有幸福對我來說，感覺就像是背叛母親……」

務一面說，一面不斷重新思考自己的金錢觀和工作觀養成的原因。解開自己的行為和想法、痛苦的來源之後，他的心終於找到平靜。

作者的財富分享

11

和父母的關係，會影響到自己如何看待社會和金錢

人剛出生的時候，都沒有金錢的概念。

等到懂事之後，才會開始知道錢的存在，學習怎麼花錢，同時也學習怎麼看待金錢。至於學習的對象，就是生長環境，尤其是父母。

假設當媽媽的經常把「我們家沒有錢」掛在嘴邊，孩子就會默默接受「我們家沒有錢」的情況。如果父親每天總是疲於工作，孩子就會留下「賺錢很辛苦」的觀念。

日本社會普遍認為「談錢是膚淺的行為」、「喜歡錢就是貪心」。很多人在家也都會被教育「不要滿口都是錢」。

那些從幼稚園開始就不斷被迫考試，從小學到高中埋首於補習，把考上好大學、進入大企業工作視為目標的人，一旦發現上班族能賺的錢有限的時候，或許也會很失望吧。

說不定反倒是一開始就被教育「錢會帶來開心」、「賺錢是件開心的事」，對金錢擁有豐富想像的人，才有辦法擁有幸福。

等到長大以後開始想打破過去的觀念面對金錢、改變人生的時候，心裡的矛盾於是產生。

一旦要靠工作以外的方式賺錢，如果覺得自己好像在做不該做的事，原本會順利賺錢的投資，到最後都會失敗。

這就像成長過程中伴隨而來的痛苦一樣。

要想擺脫這種想法，方法就是從不斷告訴自己「靠工作以外的方法賺錢不是壞事」、「錢是正面的東西」。除此之外，也要找出自己在成長過程中養成的金錢觀，或是導致認為「自己不能擁有幸福」的那個事件。

我的父親是個上班族，每天忙碌於工作，也就是所謂勤奮老實的企業戰士。從早到晚如修行般埋首工作的他，最後終於熬出頭，一路工作到退休。這些人將戰後的日本帶向今日的強國，對於他們，我當然表示尊敬，也認為這是必要的。

或許是因為受到父親的影響，我踏入社會開始工作之後，也一度希望自己可以成為對社會有貢獻的人。我忙碌於工作，認為這是在社會上生存下去的方法，而且深信不疑。由於不知道其他方法，所以完全不覺得有什麼不對。

打破我這個觀念的，正是羅勃特．清崎的《富爸爸，窮爸爸》這本書。雖然只是一本書，不過它讓擁有「富爸爸」的我，得到全新的金錢觀。於是，我鼓起勇氣辭掉血汗企業的工作，轉換跑道。後來即便我只是個上班族，卻找到許多全新的收入來源。

假設各位現在對於賺取工作薪水以外的錢感到抗拒，一定要先質疑自己的這種想法。除此之外，我也希望各位可以回頭去思考父母給你的金錢觀是什麼。

經過這麼多年來從事金錢相關講座的經驗，我發現一般人接受家庭教育金錢觀的類型有兩大類。

一種是絕對忠於父母的價值觀，照單全收的類型。這類型的人從小被教育「找個正職的工作，腳踏實地領薪水直到退休，這種生活才是最幸福的」。看著同樣過這種生活的父母，自己也隨著步上這樣的人生。

另一種類型是，將父母對待金錢的方式和觀念當成負面教材，選擇採取完全相反的方法賺錢。就像公務員的孩子立志要當藝術家，或是藝術家的小孩選擇找一份穩定的工作等。務的情況就是屬於這一類。他把從事木工這種一旦受傷，生活很容易就會陷入困境的工作的父親當成借鏡，自己選擇了上班族這條路。

與其思考自己屬於哪一類型，更重要的是去瞭解背後的「選擇原因」。因為很多時候會發現，自己對金錢的不安，或是深信不疑、不知變通的價值觀，都來自於那裡。

勇氣與財富的法則

11

在長大之前，
金錢觀都是受控於父母。
長大之後是要改變，還是繼續受到束縛，
全憑自己的決定。

XII 財富容器

小谷不斷給務出功課。

「接下來我們來聊聊『財富容器』吧。」

「那是什麼？」

「每個人會根據從小的家庭環境，以及自己賺到的錢，設定出一個『自己可以賺的錢差不多是這樣』的範圍。

假設把這個範圍想像成一個容器，如果容器很小，就算賺很多錢，也會不自覺地把多於容器的錢全部花光。

大家不是常說嗎？像是中樂透之類的暴發戶通常都沒有好下場。那就是因為他的財富容器沒有跟著擴大的關係。」

「原來如此。可是要怎麼擴大自己的財富容器呢？」

「最有效的方法就是我之前跟你提過的，實際去體會錢代表感謝和信賴的感覺。還有就是讓自己愛上錢。

從今天開始，當你每天花錢，或是賺到錢的時候，都要試著把『謝謝』說出口。

花錢的時候要去感受可以花錢的感覺，賺錢的時候就要想著自己的付出，並且把『謝謝』說出口。

另外還有一點是，捐錢給一些會帶給你開心，或是覺得自己做了一件好事的機構或計畫。」

從那天以後，務開始養成習慣，不論是在超商買東西，或是投販賣機買果汁，都會開口說「謝謝」。

他也發現，拿到薪水和房租時開口說「謝謝」，心裡會莫名產生一種奇妙的感覺。

以前不知道為什麼，對於得到錢，自己總是有種被壓榨的感覺。不過，現在每一次得到錢，每一次付錢，都會感覺自己相當富足。

漸漸地，他知道自己有能力賺錢，也有能力付出金錢，更懂得感謝自己。

另外，針對捐款他也做了很多功課。

他想了很多方法，思考如何讓捐款為自己帶來真心的快樂。後來他想到的方法是現在在日本很普遍的「群眾募資」。

務對其中一個計畫相當感興趣。

計畫內容是替有發展障礙的孩子建立一個教育環境，讓他們可以學習世界通用的 IT 技術。

「就是這個了！」

務二話不說馬上提供了十萬圓的贊助。

這個金額是因為現在自己每個月都會有十萬圓的房租收入，於是便以一個月份的數字來作為設定。

加上贊助還可以得到體驗課程和參與工作坊的回饋，他打算帶著讓一起去參加。

後來，他把這個募資計畫告訴讓，和他一起隨時關心計畫的發展。最後也真的帶著他一起去上了 IT 課程。

現在的務，覺得自己賺的錢可以幫助他人是一件相當值得驕傲的事。

有一天，務買了一組家庭用的木工工具，來到安養中心探望父親。

勝高興得像是得到玩具的孩子一樣。

「我要用這個做一艘船給你媽媽。」

認知症愈來愈嚴重的他，想為老婆做點事情的念頭卻一天比一天更強烈。

（他也只是想讓家人幸福而已吧。）

隨著慢慢瞭解父親的心情，務的心結也一點一點地慢慢解開了。

「做好了！怎樣？你覺得她會喜歡嗎？」

勝抬頭看向兒子。看到父親開心的樣子，務也很自然地跟著笑了。

「嗯，我想她一定會喜歡。一定。」

從此之後，務就經常到安養中心陪伴父親。

勝認不出兒子的日子愈來愈多了，有一天，他的狀況難得好轉，終於認出務來了。

他對著務說：

「你真的變成一個好男人了。聽好了，雖然我自己沒有做到，不過你一定要讓家人幸福，知道嗎！」

（我自己沒有做到。）

聽到父親的話，務的淚水默默地流下來。

（我以前也跟你一樣，把一切的錯都怪到你身上……）

「爸，我對不起你。下次我會帶敬子和讓一起來看你。還有，你也是我的家人，我也會讓你幸福的！」

務決定要賺更多錢。

（只要有錢，就可以把他接到家裡附近比較好的安養中心，我也能為他做更多事。）

此時的他，不再對金錢感到罪惡。對現在的他來說，金錢是實現心願必要的存在。

作者的財富分享 12

捐款會讓自己的「財富容器」變得更大

前述中提到，金錢是感謝與信賴的象徵。

然而，日本社會普遍認為賺錢是一種貪婪、罪惡的行為，導致很多人在不自覺間下意識地抗拒收受金錢。

眼下有金錢困擾的人，他們的財富容器都很小，這一點無庸置疑。

這時候，即便透過繼承遺產或是中樂透等獲得大筆財富，也會因為覺得「自己沒有能力擁有如此龐大的財富」，最後將錢一毛不剩地花光。

舉例來說，我們經常聽到有人中樂透之後，因為無法拒絕要求而把錢全部借給親戚，自己一毛錢都不剩。或是炒股致富的人後來過度揮霍，或是不經思考地進行投機買賣，最後繳不出稅金而鋃鐺入獄。

要想擴大自己的財富容器，有以下幾個方法。

首先，要從日常生活中去感受賺錢、付錢的美好。

如果依照目前為止的生活方式，當然感受不到這些美好。所以，無論是付錢或是得到錢的時候，先練習說「謝謝」。這麼做自然而然會開始產生感動和敬意。

我自己每天也會隨時說「謝謝」。

很奇妙的是，愈是經常說「謝謝」，令人感恩的事情就愈會發生在自己身上，也會開始注意到這些感動。

我曾參加過心理諮商師小池浩的座談會。他曾經一度負債兩千萬，最後成功翻身，逆轉人生。在會中他也提到，經常說「謝謝」，決定了改變人生的速度。

市面上有很多書都告訴我們說「謝謝」可以改變人生，我想這也是因為這麼做可以消除一直以來的負面思考。

另外還有一個方法可以擴大財富容器。

這個方法十分踏實，就是每天持續迎接新的小挑戰。因為，每天的小挑戰可以提高自我肯定感，擴大自己的財富容器。

很多有錢人即便擁有幾乎過多的財富，仍然會維持挑戰的習慣。因為他們知道「賺錢」已經不是自己的目標，但是持續挑戰可以得到更多他人的感謝和喜悅。

這種想法才叫做「人生不是為了錢」。唯有擁有財富之後懂得金錢的意義的人，才會瞭解這句話背後的深奧含義。這也是為什麼我希望所有人都能致富的原因，因為這可以讓幸福不停地向外擴散。

無論是現在已經擁有億萬家產的人，或是靠著投資不斷賺錢的人，大家都經歷過一開始的第一步。雖然緊張不安，但還是鼓起勇氣踏出第一步，接著又一步，然後慢慢成為助跑，不斷累積經驗，一步一步擴大自己的財富容器。

若是以金錢以外的東西來比喻，感覺就像每個人小時候都經歷過的學騎腳踏車一樣。

大家一開始都是先裝輔助輪，在爸媽的扶持下練習的，對吧？接著自己靠著輔助輪前進，最後拆掉輔助，學會騎腳踏車。一旦學會之後，就會忘記之前不會騎的事了。

擴大自己的財富容器、學會賺錢，就跟學騎腳踏車一樣。

第一步只要小小的前進就行了。就算是連一步都不到的滑步，甚至是用爬的，或是抓著扶手都沒有關係。

最重要的是，從現在腳下所站的地方向前踏出去，即便只是一毫米也好。

12

認識金錢的美好，
把「謝謝」說出口，
擴大自己的「財富容器」。
即便只有一毫米也好，
從現在所站的地方往前踏出第一步吧。

XIII 投資幸福

「原來是這樣。看來你已經慢慢感受到捐款的快樂，還有收到錢和花錢的喜悅了。我想你的『財富容器』一定變得比以前更大了。」

隔了一段時間再拜訪小谷，務提到自己的近況。小谷聽完笑著這麼說。接著他又問：

「你會把錢花在自己身上嗎？」

「我嗎？沒有欸，我不太會把錢花在自己身上。啊，我最近倒是經常去喝咖啡。現在喝咖啡已經不再會有罪惡感了，心情也格外滿足。只是買東西的時候，還是會有亂花錢、浪費的感覺。」

「沒錯，這很正常。不過，如果你想讓你的財富容器變得更大，就要像把錢花在家人和捐款上一樣，把錢花在自己身上，這一點很重要。很多人對花錢都會有罪惡感，不過事實上，把錢花在自己身上，謹慎地使用，在某種意義上來說也是一種投資。」

「把錢花在自己身上是一種投資？這是什麼意思？」

「用做生意來解釋你應該就會懂了。如果今天老闆身上穿著破舊的衣服，鞋子也破破爛爛的，你應該不會想跟他買東西吧。你會擔心跟這種人買東西不曉得可不可靠，對吧？」

「嗯，好像是這樣沒錯。」

「不過，如果賣同樣的商品，但是另一個老闆戴名錶、一身西裝筆挺，就是會讓人想跟他買東西。這就是人的心理。不過事實上，這並不只是單純因為對方一身名牌，所以就覺得他值得信賴。」

「什麼意思？」

「謹慎地把錢花在自己身上，代表你重視對方，對方也會感受到你的這種心態。相反的，如果一身隨便，賣的卻是昂貴的東西，難免會讓人有種似乎會被騙的感覺。

花在自己身上的錢，代表你對自己的從容和重視。而這種感覺會讓對方感到放心。

到頭來，不重視自己的人，通常也不會重視對方。」

「真的是這樣沒錯。以前我都把薪水全部交給太太，自己只能天天啃麵包，內心真的覺得了無生氣。我甚至認為自己受到壓榨，所以那時候我對家人完全沒有感謝的心情，也不會想去照顧、去愛他們。」

「沒錯。所以要先愛自己。你可以買你自己想要的東西，不必有罪惡感。回想一下小時候存零用錢買到想要的東西時的心情。等到你懂得把錢花在自己身上之後，就為你自己買個貴一點的皮夾吧，這會讓你對金錢的感謝變得更深刻。」

那天回家的路上，務來到玩具店。聽到小谷說可以把錢花在自己身上的時候，他也想過或許可以給自己買個勞力士錶之類的，但是不曉得為什麼，後來他想到的東西，竟然是任天堂的紅白機。

小時候家裡很窮，光靠自己的零用錢根本買不起紅白機，所以他一直壓抑自己的欲望。有時候到朋友家玩到紅白機，都會讓他開心不已。但是「買紅白機給我」這種話，他實在對母親說不出口，只能當成夢想放在心中。

「我決定了！我現在就要買給我自己。」

說完便走進玩具店。

過了一會兒，務手上提了個大紙袋走出來。裡頭裝的，正是最新款的遊戲機和軟體。

回到家後，敬子和讓都嚇到了。這也難怪，因為過去總是說「電玩那種東西只會把人變笨」而堅持不買給讓的務，這回竟然開心買了遊戲機回來。

那一天，鈴木家陷入瘋狂。

一家三口，就連務和敬子也像小孩子一樣，興奮地玩著遊戲機。

到了夜裡，務有了新的體認。

（以前之所以不給讓玩，或許是因為自己以前沒得玩，一直壓抑自己的緣故吧。）

從那天之後，花錢對務來說變成一件快樂的事。他並沒有因此亂花錢，而是有了全新的觀念——除了靠自己賺錢，也要開心地把錢花在自己身上。

一個月後的某一天，務和敬子一起到百貨公司買了兩只價值十萬圓的 LV 皮夾。

回家的路上，敬子小聲地說：「希望我可以像這個美麗的皮夾一樣，把錢做最有意義的運用。」務點了點頭，深深認同她的這番話。

作者的財富分享

13

覺得是「浪費」的事物，其實也是一種「投資」

想要擴大財富容器，很重要的是必須能夠把錢花在自己身上，並且展現有錢人的氛圍，帶給人放心的感覺。

過去我在當上班族的時候，買了一只和某位成功者一樣價值十萬圓的皮夾。一開始當然很緊張，只不過，皮夾是每天都會用到的東西，也是財富的家。後來隨著愈用愈久，我對金錢的感謝心情一天比一天強烈，更想把金錢用在有意義的事物上。

我也開始為自己選擇有品質的衣服。有些人會覺得「把錢花在衣服上太浪費了」，但是，衣服既然是給人的第一印象，看似浪費的物欲，其實也可以算是某種自我投資。另外像是為了健康找健身教練進行重訓，或是花錢去尋找適合自己的某樣事物，都是自我投資的一部分。

有時在為上班族投資客提供建議的時候，我都會要他們花一個月的薪水去訂製一套西裝，或是改掉追求快速時尚的習慣。

我的意思並非否定快速時尚，可以從中穿出流行感當然很好。只不過，真正的重點在於，你是抱著何種心情把錢花在自己身上？

你是否肯定自己的價值，所以把錢投資在上面，而且真心對「有錢」這件事感到開心嗎？這才是最重要的。

因為打從心底開心花錢的人，錢自然會源源不絕而來，花出去的錢也會確實地透過循環再回到自己身上。

另外，「有錢人的氛圍」意思並不是「展現自己多有錢」，而是指「財富不斷流動的富足感」。

就像故事主角務看到理財顧問小谷所住的高級公寓時，雖然難以置信，但同時心裡一定也覺得「原來一個年輕上班族也可以賺到錢，過這樣的生活」。

假設小谷一身廉價西裝，住在屋齡五十年的老公寓，那麼就算他說「讓我們來擴大你的財富容器吧」，務可能也描繪不出夢想，不由得覺得「感覺就算聽他說的也無法致富」。

把錢花在自己身上。

透過把錢花在自己和自己所愛的人身上，創造出更多笑容。這麼做相當重要，為的是提高自我肯定感，打從心底「認可自己值得擁有財富」。

透過為自己創造更多「我擁有財富，可以給自己和身邊的人帶來笑容，是個有能力帶來幸福的人」的體驗，你的財富容器自然會愈變愈大。

13

多少超乎自我能力的
金錢與時間的自我投資，
可以打造出畢生有用的
「財富的容器」。

XIV 必然的偶然

兩年後。

在這段期間內，務嘗試了幾種不同的投資，也開始投入經營全新裝潢的中古合租公寓。他買下一整棟中古公寓，改裝成合租公寓，房間可由承租者自由DIY，也允許在室內演奏樂器，非常適合音樂人，因此很快就吸引許多外國人來承租。

其中最主要的關鍵是敬子。

多數投資客大多將營運的工作委託專門的業者打理，但是敬子卻說：

「我想自己做打掃整理的工作，順便做一些日本文化介紹。」

敬子打從學生時代就說得一口流利的英文，畢業後也利用這項優勢，找到外資企業行政業務的工作。加上從高中到大學都在棒球社擔任經理，大學時她就經常表示以後想做和照顧人相關的工作。

於是，她接下合租公寓的打掃工作，利用自己流利的英文，協助不太會講日文的外國人。有時候還會做日本料理請大家吃，甚至會幫忙提供旅遊資訊。除此之外，她把公寓的庭院整理得非常漂亮，種了許多日本常見的四季花草。

現在的她，每天都精神奕奕、充滿活力。

她變得和以前不一樣，隨時都可以聽見她開心地哼著歌。

不知不覺地，兩年前那個總是焦躁不安、身體疼痛的敬子，已經徹底消失了。

「我終於實現夢想了！這都要感謝你。

我一定是全世界前三名幸福的女人。」

現在的她動不動就這麼說，臉上掛著幸福的笑容。

每一次看見她的笑容，務就覺得有股勇氣從心底湧出。

至於讓，他要求要公寓裡的一間房間作為自己的房間，務也答應了。一到週末，讓就會住在合租公寓，開心地和那裡的外國人聊天，透過交流瞭解世界各地的建築。這是他現在最快樂的事。

對讓來說，歐美有話直說的溝通方式似乎更為自在。雖然有時候和同學之間的相處溝通對他來說還是不擅長，不過至少現在已經很少在學校打架鬧事了。

而務自己，決定利用寒暑假和春節的時間，向以前立志成為職業選手時期打工的俱樂部租借場地，免費教一些對高爾夫球有興趣的孩子打球。俱樂部老闆岡村當初把自己最寶貴的球桿送給務，對他的未來比任何人都有信心，如今看到務又重拾球桿，十分開心，也打從心底真心祝福他的全新出發。

就這樣，務朝著將來有一天要開一家自己的高爾夫球俱樂部的夢想，又更踏近一步了。

距離過去那段陷入人生低潮、不知所措的日子，如今不過兩年的時間。一開始因為想賺錢而勇敢踏出去的第一步，後來為這一家人帶來了現在的幸福。

時間來到暑假。務忙著準備迎接他的第一批學生。

接下來的週末將有五個孩子要來跟他學高爾夫球。

務在俱樂部等待學生到來，心情有點緊張。報到時間一到，幾個孩子陸續出現，讓他變得更緊張了。

有的孩子是父母開車送來，有的則是先將球桿以宅配送到俱樂部，當天自己從車站走過來。

「教練好！我叫朝倉翔太，請多多指教。」

眼前這個很有禮貌的少年是搭著父母的車子來的，今年十五歲。

翔太是這一次的學生中表現最優異的孩子，務也對他寄予厚望。

「那麼，結束後我再來接你唷，加油！」

說完，翔太的父親捶了一下他的肩膀替他打氣。翔太轉身從後車廂拿出球桿袋，走向務的方向。他將球桿袋放在腳邊，打開檢查裡頭東西是否全帶齊。

這時，他從袋子裡取出一支球桿。

務看到球桿不禁叫了一聲：

「啊！這支球桿！」

翔太一副「你也知道對不對！」的樣子興奮地說：

「很棒吧？這是我爸爸在網路的二手拍賣為我買到的唷！」

說完他將球桿遞給務。

這熟悉的觸感，果真是自己賣掉的那支球桿沒錯。

「聽說這支球桿原本的主人以前曾經立志要成為職業選手，所以我很珍惜它。我決定要用這支球桿成為一名職業選手！等到成功之後，我要請爸爸告訴我它原本的主人是誰。我要去見他一面，邀請他來看我的比賽。」

務聽到這番話，一時間百感交集，激動不已。

「這樣啊……它原本的主人還真幸福呢。」

務輕輕摸著球桿握把上「SCOTTY CAMERON」字樣中以油性筆塗描的「T」和「S」兩個字。

「所以我要加油才行。教練，再請您多多指教了！」

「我可是很嚴格的唷～」

務有點開玩笑地說，伸手摸了摸翔太的頭。因為他知道若不這麼做，自己感動的眼淚一定會奪眶而出。

那天晚上，務喝著敬子為他沖泡的法式摩卡。

「等到那個翔太成為職業選手的時候，我應該也有自己的俱樂部了。到時候我一定要幫他。然後總有一天我要告訴他『我就是那支球桿的主人』。我要告訴他，多虧當初把球桿交到他手上，我們家才有今天的幸福。」

他對敬子說。

敬子一直靜靜地微笑，聽著務像個年輕小伙子一樣說著自己的夢想。夫妻兩人的夢想，正一步一步慢慢實現中。

這段期間還發生了另一件讓務感受到感謝和信賴的事。

當務靠投資漸漸累積了不少財富之後，他堅持要付給小谷顧問費。沒想到小谷十分開心地告訴他：「這筆費用已經付過了。」

務不懂他的意思。接下來小谷給了他一個相當意外的答案。

「你的顧問費，目代已經幫你付了。

當初他把你介紹給我的時候，就已經說明他要付這筆費用。好像是因為當初他在公司陷入低潮的時候，就是你拉了他一把。」

「那根本沒什麼啊！」務說。

「這筆錢就象徵著他對你的感謝和信賴，你就接受吧。而且，讓金錢和富足不斷循環地流傳下去，才會造就更大的財富和富足。」

務不懂他的意思。

「我只是盡我作為人事的本分而已。」

「沒錯！就算是上班族，你的薪水也是因為你幫了某些人，得到對方感謝和信賴。而今天這筆費用就是當初的延續。感謝和信賴會帶來財富，就是這個意思。」

聽完小谷的一番話，務決定接受目代的這份好意。

同時他也告訴自己，將來有一天一定要讓這份富足繼續流傳下去。

作者的財富分享
14

奇蹟發生

隨著財富容器擴大，夢想會變得更大，奇蹟也會更容易發生。

我自己也體驗過好幾次這種奇蹟。

例如二〇一七年《富爸爸，窮爸爸》的作者羅勃特·清崎來到日本，當時我就和他一起站在台上。

我只是一名讀者，而他則是高不可攀的大人物，所以對我的人生來說，這就像是奇蹟發生一般。

我之所以能夠和他一起站在台上，是因為我花了幾百萬圓成為活動的贊助商。

有人可能會說「什麼嘛，花了錢當然會有奇蹟啊」。不過，我所謂的奇蹟，其實指的是在他要來日本的當下，我身邊竟然正好有錢可以讓我成為贊助商。

對於當時讀過他的書的我來說，這才是奇蹟。

除此之外，我大學一畢業就一直是個平凡的上班族，這樣的我，後來竟然受到母校的邀請回去擔任講師。這件事對我而言，在某種意義上也是奇蹟。

我因為懂得賺錢的方法，知道如何讓人生變得更豐富，而且以親身體驗證明了這一切，所以受到母校的邀請，成為理財相關課程的講師。這對十年前的我來說，根本是作夢也想不到的事，讓我非常開心。

諸如此類跟錢有關的奇蹟例子還有很多。

好比我有一位經營房地產公司的朋友M，他原本在丸之內擁有一家事務所，後來考量到雙親年事已高，所以打算把公司搬到老家所在的另一區工作。只不過，由於該區為精華地區，地段好，所以遲遲沒有好的物件釋出。

有一天，他得知一個物件，竟然就是老家附近的新建辦公大樓。物件非常搶手，詢問度相當高，不過屋主急著脫手，所以希望找可以馬上拿得出斡旋金的買主。

M手上的資金非常多，當天就匯了好幾千萬的斡旋金給賣家，順利將物件得手。這也可以說是個奇蹟，因為手上正好有錢，所以得手想要的東西。

務的情況也是如此。

翔太會來跟他學高爾夫球，完全是偶然。但是，如果他當初沒有為了實現夢想而踏出第一步開辦課程，遇見翔太的機率肯定是零。

當懷抱著夢想的時候，或是有學習目標的時候，倘若手上正好有錢可以馬上付諸行動，夢想會更有可能實現，也更有可能發生奇蹟。

14

「有錢」會讓人想起幾乎忘卻的夢想，
並且將實現夢想的奇蹟
發生的可能性提升至最高。

終章

時間又過了三年。

現在務一家人過著和之前簡直天壤之別的幸福生活，就像自己以前中午咬著麵包羨慕不已的小谷一家人的幸福一樣。

「我終於也讓家人得到幸福了，謝謝你。」

務現在已經完全把比自己年輕的小谷當成好朋友看待，每次見到他都會這麼說。如今，務薪水以外的年收入已經超過五千萬圓。

他靠著兩間共管公寓和三棟獨棟公寓，每個月收入數百萬圓的房租。再利用房租收入儲存資金，透過投資股票，為自己每個月進帳一百萬圓的收入。

即便如此，務現在仍是個上班族，繼續做著人事的工作。

他在公司裡深受敬重，每天都過得很快樂。

過去他雖然認為「人事是個吃力不討好的工作」，但是現在有愈來愈多人感謝他。即便他自認為並沒有做什麼了不起的事，不過他深信「自己之所以領這份薪水，是因為背後的感謝和信賴」，對人事的工作也逐漸感到驕傲。

另一方面，經營合租公寓讓敬子忙得不亦樂乎。對於務來年即將投入的高爾夫球俱樂部，她也提供了許多想法。

務還清了父親的債務，將他接到家裡附近以上層階級為對象的安養中心。勝在狀況好的時候，會用務買給他的木工工具，替安養中心做一些簡單的修繕和 DIY。讓偶爾也會到安養中心探望爺爺，和他一起開心做 DIY。務聽到安養中心的人這麼告訴他，心裡滿是欣慰。一家人的感情慢慢地愈來愈深了。

後來，敬子的母親因為癌症住院，務替她找了一家好醫院的單人病房，讓她接受最完善的治療。對務而言，這不僅是身為丈夫的自豪，同時也讓他覺得彌補了過去自己無法為母親做到的事。

如今這一切的富裕、自信和人生意義，全都來自五年前自己勇敢踏出的第一步。

金錢可以說就像讓所愛的人獲得幸福的魔法棒。

在務的身邊，也有很多人和他一樣，利用這個金錢的魔法棒抓住幸福。

包括為務指引投資之道的目代。目代在今年春天辭去了工作，終於下定決心開啟創業的人生道路。他和務兩個人如今是投資夥伴，經常一起吃飯聊天。目代結婚的時候，務還送給他們一趟塞班島蜜月之旅作為驚喜。這是他對於將自己從人生危機中拯救出來的目代的感謝，同時也是為了回報他當初那筆顧問費。目代對於這份傳回自己身上的信賴與感謝，真心感到開心。

至於咖啡店「SUZUKAGE」老闆，他丟下一句「我打算把店留給兒子，自己到義大利去走走」便退休了。後來，務從他兒子那裡聽說他要實現多年來的夢想——「在義大利開咖啡店」，至今仍在奮鬥當中。

翔太發揮了他罕見的才能，在職業高爾夫球巡迴錦標賽中，以高中生的身分在業餘組中首次出賽，最後以全世界最年輕的選手身分寫下亮眼的成績。在十八歲那年成為職業選手之後，務便以球桿主人的身分和他「重逢」，成為翔太的贊助者。

這一天，讓準備出發到瑞士留學。

務獨自送他到機場。

因為敬子說自己會捨不得，無法到機場送機。

在前往機場的路上，務一直回想自己過去的人生。尤其這五年的轉變更是巨大。只是鼓起一點勇氣，人生便截然不同。這一點，這一路走來兒子也慢慢感受到了。

務轉頭看著副駕駛座的讓。

（當初我如果沒有踏出這一步，

可能就沒有機會看到眼前這個值得信賴和驕傲的孩子了。）

務看著讓走向登機門，突然讓停下腳步回頭說：

「爸爸，謝謝你。

我也要跟你一樣，成為一個讓家人幸福的男人。

我一定會做到的！」

說完便轉身離去。務覺得兒子的背影看起來可靠極了。

在回家的路上，車子行駛在高速公路上，收音機裡傳來 Mr. Children 的

〈Hero〉。

和敬子結婚時，婚禮上播放的正是這首歌。

「我雖然不是什麼英雄，

但是為了這個家，我願意成為英雄。」

務想起自己當初了無新意的致詞，當時還狠狠地被大家嘲笑了一頓。

（現在的我，對敬子和讓來說，

算得上是最棒的英雄了嗎？

我算是最棒的丈夫、最棒的父親、最棒的兒子嗎？）

務突然這麼問自己。

「我一定是全世界前三名的幸福的女人。」

「我也要跟爸爸一樣，成為一個讓家人幸福的男人。」

「你真的變成一個好男人了。」

務想起父親、敬子和讓說過的話。

看來答案毫無疑問是肯定的。

等到回過神來，自己已經淚流滿面。

他再也壓抑不住心中的激動。他將車子停靠在高速公路的路肩，埋頭在方向盤上嚎啕痛哭。

「謝謝，謝謝，謝謝，謝謝……」

他不禁脫口而出。

對自己所愛的人，對相信自己的人，還有對自己。所有感謝再也止不住地宣洩而出。

一會兒過後，務滿臉淚水地笑了。

「呼～」

他深呼吸一口氣後，看向前方。

前方的道路筆直，遠方一片藍天。

（現在距離品嘗「最後的甜點」
還有很長一段時間。
那麼，接下來該實現什麼夢想呢？）

結語——每一個父親，都是家人的英雄

「希望這世上所有的窮爸爸，都能變成富爸爸。」

我真心期望有一天這樣的世界可以實現。

故事中的鈴木務雖然是個虛構的角色，但是裡頭的橋段，全部都是根據來找我尋求建議的人身上發生的真實故事，也是原本不敢改變的上班族們，一路走來關於金錢和勇氣的故事。

我的客戶各個年齡層的人都有，介於二十幾歲至七十幾歲之間。他們的故事發生的年代，與務的年齡和時間順序或許多少有些落差，不過我還是原封不動地直接放入故事中。

我既不是心理諮商師，也不是人生教練。

所以面對他們的問題和人生課題，我並不會給予心理上的建議或任何諮商輔導。

我所做的，不過就是給這些試圖擴大自己的「財富容器」、開拓視野、正在摸索賺錢方法和副業的人，提供我自己以前的做法。

雖然如此，但是很多人都見證了為了賺取財富所踏出的一小步，真的可以克服人生課題，使心靈富裕，深深改變人生。

在這個以罪惡看待金錢、把談論金錢視為禁忌的社會中，為了賺錢開始踏出腳步的人，就能一步步得到幸福。

一旦專注在自己的人生，鼓起勇氣踏出第一步之後，人生也會隨之改變。只要認真看待自己的人生，每個人都可以獲得幸福。這就是我想透過這本書告訴大家的道理。

最後，我會將這本書的一部分版稅，捐給旨在促進幸福家庭的非營利法人團體「MAMA-PLUG」。

換言之，各位購買本書，都會透過這本書付出「捐款」。沒錯，各位可以把這個舉動，當成是自己已經踏出改變花錢方法的第一步。

而且，請各位一定要去感受這股金錢流動背後所帶來的笑容與感謝。

二〇一八四月吉日

小林昌裕

不為錢煩惱的富裕生活/小林昌裕作；賴郁婷譯. -- 初版. -- 臺北市：春天出版國際文化有限公司, 2021.09
面； 公分. -- (Progress ; 13)
譯自：ふがいない僕が年下の億万長者から教わつた「勇気」と「お金」の法則
ISBN 978-957-741-384-0(平裝)
1.自我實現 2.生活指導

177.2 110011026

向億萬富豪學習，改變人生的理財課
不為錢煩惱的富裕生活
ふがいない僕が年下の億万長者から教わった「勇気」と「お金」の法則

Progress 13

作　　者◎小林昌裕
譯　　者◎賴郁婷
總 編 輯◎莊宜勳
主　　編◎鍾靈
出 版 者◎春天出版國際文化有限公司
地　　址◎台北市大安區忠孝東路4段303號4樓之1
電　　話◎02-7733-4070
傳　　真◎02-7733-4069
E－mail◎frank.spring@msa.hinet.net
網　　址◎http://www.bookspring.com.tw
部 落 格◎http://blog.pixnet.net/bookspring
郵政帳號◎19705538
戶　　名◎春天出版國際文化有限公司
法律顧問◎蕭顯忠律師事務所
出版日期◎二〇二一年九月初版
定　　價◎270元

總 經 銷◎楨德圖書事業有限公司
地　　址◎新北市新店區中興路2段196號8樓
電　　話◎02-8919-3186
傳　　真◎02-8914-5524
香港總代理◎一代匯集
地　　址◎九龍旺角塘尾道64號 龍駒企業大廈10 B&D室
電　　話◎852-2783-8102
傳　　真◎852-2396-0050

ISBN 978-957-741-384-0